與其挑戰全世界
不如喜歡贏過你自己

梅姬LU讀解人生5大領域，理財、兩性、職場、成長、興趣，
30+之前一定要明白的事。

梅姬 LU —— 著

Contents

PART 1 成長並不舒坦，是要用一輩子去面對無數的難題

即使沒有終點，你還可以學會忍耐痛苦的本事 11

伴我們成長的好勝心，陪你走了多遠？ 23

人生的 hashtags 你我不同，但 # 絕望一定都曾貼上過 33

將世界帶走吧！去旅行，安撫你也不安放的靈魂 43

運動本身不誘人，卻能使你變誘人 51

現在，鋪好你成為大人物的套路 59

PART 2 愛情要的，你要的，是充滿幸福感的相處

何不用經典智慧，打造出你經典的愛情？ 67

肯定你的他，你會越來越肯定自己的品味 73

就要對你好，你不行的我來吧 81

把你的在乎裝進禮物盒裏，撼動他的心 87

都揉入你的擁抱，噓！只要感受千言萬語 93

全心全意的時刻，刻出你們的永恆 99

PART 3

我喜歡贏過我自己

活著需要成就感：從興趣欄位只能空白，如今驕傲自信的填上 107

出走舒適圈是場人性考驗，不服氣你就別放棄 115

浴火重生？繼續拿你的挫敗當燃料 123

擊碎了，那就趁重生長更大吧 129

PART 4

站挺職場，用力實現自我吧

職場就位前：犯錯那就學習吧，讓自己值得你想要的一切 137

人生第一份工作若只能計較結果，表示你擁有的還不夠多 147

努力不等於成功，但一定會有收穫，收穫終將成就你的另一項成功 157

放對位置，誰能阻止你在這場子火力全開 165

別忘記你的名字，別遺失初心 175

PART 5

手把手邁進理財終站，錢滾錢只有起頭難

存錢是為了能花更多的錢，你存下的是希望 183

不想省錢？不浪費做得到吧？恭喜你要有存款啦 191

派出你的企圖心，出手開源為自己的人生解套 199

縮小風險，用資產配置收下那些漲幅吧 205

作者序

成為梅姬 LU，成就我想要的模樣

對於轉職，普遍狹隘解讀成走投無路，我的選擇似乎顯得頗為矯情。「我已經看得到山頂了，我有些焦慮，我想換一座，能登上更高海拔，視野更美麗的。」，用年輕人的話說，這是待過四家公司的我，第一次「裸辭」，只因我再也抵擋不住內心的「奔」。

「我不知道我還會做什麼。」

「我真的要捨棄我擁有的全部，從零開始？」

決定離開學生時期以來唯一碰觸過的金融，我所猶豫的時間以年計算，當按下停止鍵的那一刻，是我事業的巔峰，薪水的巔峰。為什麼？因為我明白了即將迎來的未來並不是我想要成為的樣子，沒有做不來，而是早就不想要，我只能勇敢。

我先是告訴自己「從沒放過長假的你，好好休息吧。」，暫時別再為難自己了，彷彿來到一片海洋，找不著下一條路的入口，於是我將自己擱置在書店，每一天。心牆上腐蝕出的洞，隨著一本書一本書翻閱，一小塊一小塊找到答案填補，也悄悄的，滋長出新意，我很喜歡聽道理，像把吹得搖晃的自己摁下一枚圖釘穩定，幫助我慢慢將問題捏回、導正，導正，能使發炎疼痛的情緒逐漸緩和，白天裡我讀書，長夜裡接棒讀電影，海量接收觀點刺激我舊有的認知，直到感覺到我的思緒將要脹破了。

「我也可以。」這句話在腦中的音量越轉越大……
瀕臨極限使我終於拿定主意「我要……寫一本書。」

知道的人無不訝異，畢竟此心願從我誕生以來都無跡可尋，而我只是埋著頭，急著將想說的話一一寫下，怕再不寫下那些滾燙的觸發都將遺忘，我在傾倒，在疏通自己的靈魂，想起，讓我泛淚，想起，讓我瞬間發笑，拉扯回憶的過程中，意外與過去「肯定著自己」的我相遇，一場相遇，一絲一縷引誘著被遺留的驕傲，慢慢走回現今，撫平。

不要忽視文字的力量，文字真的能戰勝負面對你的傷害。

為了從讀者走到作者，進而成為一名作家，我像個寶寶，爬行在全然陌生的世界裡，即使從零開始的技能已經練習了八個年頭，近 100 次，仍不由得百般質疑，放棄的念頭朝自己吶喊一萬次「究竟還要多久？」、「真的可以到達嗎？」。

「銀行理專轉職作家？什麼邏輯？」八竿子打不著！在一切都還沒開始前我也是這麼想的。這並不是個直接的選項，是一次次的試探，帶領我走近，才驚喜發現竟可以一針一線縫合起來，因為足夠認識自己的能力，讓我深掘出實力更多的樣貌，無關幸運，也不莫名其妙，把門口招牌換上我的名字，不再附屬在哪，將工作技能回歸到自己身上，過去是經營金融領域的我，現在是經營著全方位生活的自己，一樣都是靠越發成熟的「業務力」，以前一對一服務專業，現在不僅可以將心思拉回我本身的投資理財，也向大眾輸出我的歷練，溝通技巧、社交應對進退、合約簽屬、積極抗壓的特質，不薄的業務底子也讓我迅速接案合作，順利進展，甚至沿用「業績」表格來管理如今的排程，一名業務的淬鍊磨出我個人色彩的價值觀，沒有逃避的那些鍛鍊都成了內化的本領，供正轉彎中的自己靈活運作。

你看，付出過的心力不存在斷層，每一項都是延伸吶。

循著我親手繪出的憧憬，將專注由內而外擴散，曾經我為了在職場防衛，丟棄過我的古道熱腸，卻在產出的文章中認出當年正義凜然的自己，梅姬 LU 的創生拾回了根本的我，原來我喜歡的自己仍停留在原地等著，文字救起遭絕望啃食的我，獲得力量的我有了扶持他人一把的能力。

你問我「值不值得啊？」

現在能做的事意義更深、更長遠了。

「值啊！」我笑著肯定。

PART 1

成長並不舒坦，是要用一輩子去面對無數的難題

I 即使沒有終點，你還可以學會忍耐痛苦的本事

II 伴我們成長的好勝心，陪你走了多遠？

III 人生的 hashtags 你我不同，但 # 絕望一定都曾貼上過

IV 將世界帶走吧！去旅行，安撫你也不安放的靈魂

V 運動本身不誘人，卻能使你變誘人

VI 現在，鋪好你成為大人物的套路

即使沒有終點，你還可以學會忍耐痛苦的本事

年輕時歷練不夠，看世界的視角有選擇性，見人生舞台上勝利組的光鮮亮麗，心裡只生出羨慕，狼狽抵抗過亂流，回歸正常生活才醒悟，每一段生命必定都會有他／她躲不掉的艱澀課題，有些傷痛永遠無法痊癒，但只要能不再影響現在生活，就讓它被列為曾經吧！有些事發生了卻沒有終點，如那張被命運簽上我名字的過敏藥物清單。

沒有一個人的人生是 360 度全景的美好。

如果可以選擇，你寧願用哪種缺陷來換取慾望的實現？會選擇健康的人應該是少之又少，身為曾被醫生宣判嚴重可能致

死的過來人，除非奇蹟出現，否則我的藥物過敏體質看似是沒有終點了，一件事情可以同時是獲得也是失去，失去了部分健康，卻在我很小的時候，就被折磨逼著學會忍耐痛苦的本事，這在往後幾處重大的人生轉折點，讓我拿得出堅毅，熬過幾波低潮。

健康也許有跡可循，卻難以捉摸。

據說我孩童時，曾咳嗽咳到不客氣的吐出一口血來，吐完的下一秒該上演昏倒的戲碼？我才不按俗套的電視劇本走，當下我慘白著臉，若無其事指向地上鮮血，對著我媽童言童語「我要用那個擦指甲油～」，突兀的脫稿演出的確不怎麼可愛，甚至讓長輩們驚嚇到嘴角無處安放，但由此可知我小時候就是個勇於主張自我思想的孩子；又根據我媽的回憶，我右臉頰上那顆像老鼠屎毀我美貌的惱人胎記，出生時是沒有的，也是在我只是個幼童時，由我唯一的親生姊姊，豪邁的拿著鉛筆在我的臉上盡情揮灑給戳出來的，如果這謎樣的由來當真符合事實，我只想真誠的質問全家人一句「請問當時為何沒人幫我報警？」（笑）。

以上兩則真人版令人戰慄的兒時故事已不可考，我也無從深究，可以由我本人親自作見證的，只有那一場一如既往揭開序幕的普通感冒，卻在所有人都措手不及下，一夕之間，風雲變色，從此我變身成會對西藥過敏的體質，至今仍無人知曉當年粗暴的丕變是為何種原因。

舉家遷回爸爸的故鄉後，我們家便不再繼續經營中藥材店，起初幼稚園的我一生病就會固定被帶到鎮上一間兒科診所，和照顧一般破病小孩沒兩樣的 SOP 重複幾年，直到小學二年級那回，同樣的診所，同樣的醫生，藥吃下去卻沒有得到同樣的反應。像是體內有個鳴槍儀式，藥效發作不出兩個小時，竟開始不斷冒出密密麻麻的疹子，鮮紅且腫脹，一大塊一大塊如軍隊強勢凸起，好似中了妖術，奇癢無比，稚嫩的我人生第一次被恐怖病痛席捲整個身軀，哪裡能生出大人的定力來忍耐這場突發的折磨，只能無助的退回嬰兒狀態，顧不上傷口破皮在流血，十根手指頭使勁到處抓，也因為擺脫不了纏身的搔癢刺痛而嚎啕大哭，束手無策的父母眼睜睜目睹症狀持續延燒，沒有任何停止的跡象，只好趕緊拎著我衝向大型醫院掛急診。這些藥我不是第一次服用，也都是針對兒童感冒常見的消炎止痛藥，一包吃下這麼多顆，急診醫生也無法馬上判斷是哪種引起異常，只能先開抗過敏藥，請我們回家休養觀察，大病小病都一樣，病人終須憑奮力抗戰的意志讓自己好起來。

這世上就是存在只能靠忍耐來度過的問題，解決方法的其中一種就叫「與痛苦共生」。

總不能任由我在患處狂抓導致惡化，貪圖幾秒鐘的舒緩，隨後卻引發更嚴重的潰爛，爸媽半強迫半說服我改用輕拍的方式解癢，可疹子就像吸光我所有的精氣神，「進補」成它頑強的生命力，覆蓋率幾乎百分百，長好長滿，「體無完膚」的我只要清醒一秒就是多挨罪一秒，無法積極處理，只能放任自己無止境的睡去來逃避這場災難。

一天過去了，兩天過去了，病情不見好轉還逆勢加重，發炎的疹子流出了膿，膿中滲出了水，血、水、膿一團和氣的全都攪和在一起，在我虛弱的身軀上模糊成無交界的一整片，如被丟棄在床上的活體喪屍一具，誰看了都不忍心。

爸媽當機立斷，再度抱著我飛奔大醫院「求救」，醫生說：「如果連抗過敏藥都會產生過敏反應，那麼就先停止所有藥物，繼續觀察。」，換句話說，醫生開的診斷藥方就是二字「觀察」。

那些日子雖然頂著發燒，昏迷在床，但我永遠忘不了甦醒硬撐起身子的片段，爸爸一天會進來數次看看疹子消退的狀況，他會摸摸我的頭，測量一下我的體溫，再告訴我「已經有比較好了，再多睡一點吧。」，媽媽則會端著一盤熱呼呼的水餃到我的床邊，教我養病「就算不舒服吃不下，你也要硬吞兩口才會有體力恢復健康。」。

到了後期，疹子逐漸呈現腐爛狀，噁心到連我自己都撇頭不願意看，更別說要去碰觸，但我得浸泡殺菌消毒藥水啊，所以當時都是媽媽強行拖我下床，幫我洗澡，我自己唯一能盡的一份力就只剩沒日沒夜的沉睡，讓身體獲得充分的休息。

這一些都是沒有畫面的記憶，因為我根本病到睜不開眼睛，句句被存檔在耳朵裡的聲音碎塊，屬於聽覺的回憶，再加上我自行補上的想像，雖然我沒看見，但孩子因病日日忍耐著痛苦，作為爸媽的又何嘗不苦？或許他們還會虐心的再加上自責，幸好，那畫面我沒看見。

> **忍耐痛苦雖然不一定會有好結果，但也必須要等忍耐過去了，才能看到結局。**

月曆劃去了近整個月份，頑劣的疹子終於兵敗如山倒，節節退去，流著血與膿的傷口也紛紛結起象徵勝利的痂，走到尾聲，一場大病活脫脫像是整副皮囊舊換新的典禮，已死去的皮膚無法戀棧，一掀開上衣，片片剝落，飄逸在空中搖擺起舞，像是下起慶賀的雪花，像是賜予我祝福的盛宴，蔚為奇觀，為褪去人形長的人皮，花了我好些時間才全數執行完畢。大約康復九成，我們這組人馬已經不知是第幾趟複診，醫生總算可以交代後續事宜，他說，有機會請務必要確認出我是對哪種藥物過敏，否則突然生大病或是出意外，緊急時刻不確定哪些藥可以治療是非常危險的事。

「那要怎麼做呢？」

「建議妹妹在身體健康時一次服用一顆藥，觀察並記錄下來每一種藥物的反應。」

醫生叔叔，我由衷感謝您盡心盡力替我醫治，但我才千辛萬苦從地獄爬回人間，剛上岸，休想再立刻推我下去，光是想像把藥丸拿近嘴邊，這和逼我服毒當真沒什麼差別，我難，我容易嗎我（笑）。

說實話，前兩次我的確是懷著僥倖心態，偷偷認為過敏搞不好只是個例外，畢竟體質毫無預警大翻轉，本就荒唐的莫名其妙，只是當我又重蹈覆轍好幾回，徹底打臉我不肯面對事實的瞎猜，正式得證我與藥物過敏的相遇並非偶然，後來有位醫生建議把吃過的藥單全部整理起來，將重疊的藥物列在一張清單上隨身攜帶，我們才總算對突變之亂有個建設性的交代。

因為學會忍耐痛苦的本事，於是我們更懂得堅守到困境突破。

現在每年秋冬一到，內建在我媽心中的警報便會狂響，彷彿打流感疫苗就可得永生（笑），就因為我有個不可控的體質，禁不起生大病，她這一輩子應該都再也放心不下，如果你也有無法停下操心的父母，請記得找個機會讓他們知道，生病雖然會打擊我們的生理，卻是在鍛鍊我們的心志，沒有終點又怎樣？生於憂患，那只表示我們能保持戒備不鬆懈，遠離危險。

其實我早已懂得怎麼照顧身體，每當一有不舒服，聽見即將生病的前奏，都會提高八百倍警覺，衝去吞中藥抑制病兆，先發制人，若是直接了當生了病，也會乖乖赴有我病歷的大醫院就診，每一次都見到不同的醫生，卻都有相同的開場白：

「醫生，這是我的過敏藥物清單。」我遞上，他快速掃過一眼。

「你連普拿疼都會過敏？那你很多藥都不能吃耶！」

「是啊，所以我才會連感冒都要跑到大醫院來。」他邊聽邊低頭搜尋亮點。

「這是抗過敏在吃的，你連這種藥也會過敏！？」一貫驚訝的口氣，我熟悉。

「對，我也不知道是怎麼回事，但的確曾經吃了又再引發過敏。」

「你的體質很特殊，要小心照顧，盡量別生病了。」

「我知道，謝謝醫生。」

因為一直小心翼翼，多年來沒再發過病，成年後一次不小心感冒，僥倖的念頭又鑽出來蠱惑，「會不會體質已經變回去，不會再過敏了？」，實在太想翻案，路過一家小診所，壯壯膽子就勇敢的走了進去，我還是有拿出過敏藥單請醫生避開，相信專業不疑有他，藥吃下後卻沒有驚喜、沒有意外，過敏再次發作了，且症狀一點也沒隨著我長成大人而減輕，疹子一冒出來我立刻死了心，直接致電過去說明我的情況，卻只得到醫生平淡的回覆「白色藥丸拿掉不要再吃。」，我聽見什麼了？我拿起藥袋仔細一看，都說了我對普拿疼過敏！

無可奈何之下，只好拖著一身狂發癢的疹子到大醫院打抗過敏針，只不過和我預料的一樣，沒有用，只能再將自己託付給時間靜養。

優秀的醫生還是很多的，例如大醫院裡這位認真嚴謹的年輕女醫師，在病情還是一團迷霧時，她診斷完便請我們等一等，走出診間向資深前輩諮詢，支持她的想法，經過二次確認後，才選用功效類似的替代藥物替我治療，那是我第一次全身而退，也成了我保命藥單上最後一次的紀錄。

一種「硬體」供你終生使用，卻沒有任何保固，它生你生，它亡你亡，猜猜這是什麼東西？

我和我的身體相處了 30 幾年，仍然要不斷適應它的變化，學習如何和平共處，若用 100 歲的壽命來算，身體好使喚的時期大約就只有前三分之一，年少時我們恣意揮霍，任由不良生活習慣對身體機能造成損害，感覺不出來嗎？那是因為青春無敵替我們擋下子彈，等年紀飛快攀升，主控權會漸漸在暗地裡對調，你不再能隨心所欲指揮身體，在三十而已的年紀，你就得反過來伺候真正的主子，你只能被動的傾聽，並盡可能的讓它保持在舒適狀態，才不會迫使它忍無可忍則毋須再忍，偷襲、反撲、吞噬。

別忘了，雖然人走到最終都將是個句點，但你絕不會想耗上大半輩子都在練就忍耐痛苦的本事。

依照我的懶人生存法，秉持能預防就先囤好守備來預防，稍有苗頭不對，最好在第一時間就斬草除根，杜絕無窮後患才是省事的最高原則，健康出問題遲早都要動手處理，何苦把小病拖延成大病，委屈巴巴的繞了一大圈，到頭來不僅白白忍受這段時間的身心煎熬，還可能要花上更大筆的醫療費去醫治，怎麼算都不划算的人財兩失，我一向零容忍，不留餘地。（笑）

伴我們成長的
好勝心，
陪你走了多遠？

成年後還能想起的兒時記憶，一定都曾帶給你深刻意義，我在二十年後努力從腦中提取，獵捕到的，都是過去正在獵捕些什麼的記憶，伴我成長的好勝心一直都在，我沒讓它離去，因為那是我贏過自己變更好的最大動力，好勝是人類的天性，只能淡化不會消失，你的呢？現在也依然留在身邊嗎？

你可曾想過，是什麼樣的你一路陪著自己長大？

學生時代的我，憑著「小聰明」一招走天下，因為許多事做起來比別人容易，不知不覺，親手在潛意識裡埋進更多原本就不少的好勝心，父母對我高中以前的管教相當嚴厲，自己在課業相關也勤奮上進，舉凡隔天的大考小考，即使已在書桌前嗑書到三更半夜，也勢必把今日進度全部補齊才會爬上床睡去，參加各種比賽，必定是全力以赴，不放過自己，次次都有滿意的成績下，更是築高了什麼都只想贏的得失心，和認為事事就該要追求完美的性格。一天天的考試分數，一天天的競爭排名，我就在一天天追逐證明自我中，一天天的長大。

國中考完第一次學測，決定打安全牌，直接以淡水區語文競賽國語演說第一名申請升學，順利錄取，上了高中終於不再滴答滴答不停歇的運轉，當一切漸慢平緩，突然驚覺，原來偷偷懈怠也不會再被施壓！？原來不爭名次得過且過也能被接受！？我小心翼翼踏著碎步，帶著疑惑，試探日子的新面貌，甩甩手抖抖腳鬆綁自己，開始享受起平凡的輕鬆。

當時青澀，以為是高中校區遠了，爸媽掌控的大手伸不到了，回顧才明白，那是父母默不吭聲，在悄悄卸下嚴鞭我升學的任務。自我打壓好勝心的舉動，印證了物極必反的道理，自由對青春期的我太過於龐大，超乎我自理的能力而不自知，可惜了虛虛實實的幾年光陰，青春逝去才領悟遺憾，領悟虧欠父母期待，明明可以繼續衝刺的當年，如果我不隨意踩下煞車，或許後來能擁有的會多更多。

好勝心被停止餵養多年，本該乾扁消瘦，卻在大學三年級時抓到契機，滿血復活。

學校在一開學會例行公布上一個學期的班級第一名，以前是誰坐上冠軍寶座我從不關心，只不過這一次喊出的名字頓時讓我臉上寫滿錯愕，為什麼？「他才剛轉學過來就拿班上第一名！？」，看看四周沒一個同學有反應，就我一人眉頭皺到相撞，那一瞬間，好勝心點燃了只有我知道的怒火，差點沒把自己燒個灰飛煙滅（笑），果然本性可以隱藏、可以忽略，卻無法完全抹除。「當我們原科系的學生都是笨蛋嗎？」我在心裡嗆出這句話的同時，只花了翻一個白眼的時間便下定決心要拾回書本，重返江湖理世俗（笑）。

那時是我大學生涯中讀書最認真、出席率最高的一個學期，問我多做了什麼嗎？堅持全勤、聽課專注、報告盡力寫、考試確認有熟讀，其實就是負起身為學生應該盡的責任罷了，恢復一學期既熟悉又陌生的好學生模樣，順利達成設下的目標，開心領了獎學金，聽同學耳語稱讚漂亮又功課好，滿足完久違的虛榮心，我就重啟歡樂通宵打麻將，沒事無聊去夜唱的日子了。

半熟歲月馬不停蹄，眨個眼連畢業典禮都辦完了，眼看同學不是找不到工作，就是薪水 2 字頭，對於未知前程的想像，我擠不出半個美好因子，耳邊又響起曾對媽媽頂嘴說過「學歷是看最後一間學校！」，說第一遍是為安撫媽媽，說第二遍是為安撫自己，第三遍是好勝心主動張口對我吼，於是只和自己商量後，任性多過完一個暑假，九月新的開始到來，我鐵了心，展開為期六個月的閉關苦讀計畫，向我的未來下訂單「我要考上研究所」。

高中、大學，都沒有考上大家認為我實力可以到達的名校，寄予厚望換來積累過多的失望，以至於父母已認定讀間好的研究所，是「我們普通人家」高不可攀的夢想，況且在視補習班為特效藥的教育環境下，我選擇用力榨乾能利用的時間，在家自學，人生過得規矩的媽媽一開始視我為失業，見別人家的小孩一畢業就開始工作，心急如焚，一下慫恿我去穩定的類公務職，有不錯的起薪就算好，一下胡亂脫口要我去路邊當檳榔西施。

「相信自己」是你早就握在手裡的最大能量。

現在不是餵你夢幻雞湯文，相信自己了就可以宇宙萬能了，一開始就斷定肯定賠的交易誰敢去買賣？你必須先相信自己做得到，才有勇氣去動手嘗試，成功的機率才會開始從零起跳，你覺得與你何干的成功不會自己靠過來，因為它很搶手。你一定要記得，誰都會害怕失敗，因為誰都有可能會失敗，可永遠都是做過了才有結果揭曉，起頭衡量後，若發現能力離目標有差距，那麼就靠掌控在你手裡的毅力來追上吧！化毅力為能力，要多少有多少只要你給得起，等實力有了，還擺在那被人挑？當然是輪到你點頭答應說聲「好」。

前方能成就的可能太多，是一整個面，不必固執又偷懶的只看一個點，別人設好的終點，不一定就是你勝利的最終站。「重點在於過程而不是結果」不是一句用來安慰輸家的話，因為有太多例子在在證明，意外發展出來的羊腸小道，未必不會是你未來的康莊大道！你前進的方向，會隨你踏出每步所收獲回來的新資訊，調整修正，你奔著跑著，將從未接觸過，或根本不知道存在的新元素一一注入，真正欲達到的終點才會越發明顯，那才是你的心之所向。

從學會走路到長成大人，好勝心和我相互扶持歷經漫長的學習路程，其實我心裡一直隱隱約約的知道，我做得到，「外面」的世界並沒有自己嚇自己那般可怕，當然存在我們看不見車尾燈的天才狂人，但延伸 80 ／ 20 法則，在天上飛的超人並沒有多到會塞車，世界其實比我們想像的中庸。

閉關的這半年裡，我不是在讀書，就是在去讀書的路上，日復一日過著重複的日子，偏執地自律，我主動搬了一塊最沉重的石頭扛著，沒有人敢再往我身上滴上一滴壓力。我從來沒思考過賭上一年時間只換來空白怎麼辦？不是因為我自信心爆棚，而是那畫面太慘烈我不敢想像，緊抱著只許成功不許失敗的決心，心底知道我根本沒有退路。

每一天我只計較安排好的今日進度能不能讀完，其餘？有維持生理條件最低門檻，還能呼吸就好（笑），衣服足夠保暖，方便我寫筆記就一層一層套上，脫線破洞，大紅大綠，褲子穿到橫膈膜以上我都不在乎，像在家中流浪，遇客人登門拜訪，也沒硬擠出心力去顧及得體，顧慮閒話能幫忙多背一條統計學公式？不僅是物質徹底屏棄，我連心境也一併淨空了，1 月 1 日凌晨 00 時 00 分，媽媽刻意揪爸爸和我一起吃消夜，舉國歡騰迎接新的 365 天，在我眼裡只意味進入最後倒數，那應該是國中之後唯一一次跟父母聚在一起跨年，看著電視機強力播送繽紛璀璨的煙火秀，忍耐著痛苦的全身細胞卻是一點感覺也沒有。

為圓滿爸媽沒說出口的期望，我只報考四間北部的國立研究所，連續四個週末獨自奔波到各校考場參加筆試，又陸續完成面試後，終於開始放榜。

公布第一間名單的一早，查榜時間未到我已就位在電腦前屏氣凝神，食指不停按下重新整理鍵，渾身焦慮，一間接著一間，沒有等到屬於我的開獎，那幾週家中瀰漫「沒事發生」的不安情緒，他們不敢當面問我，只不小心聽見弟弟向媽媽回報仍沒有上。開到最後一間學校，我僅存的希望，此刻的我心靈有多麼脆弱，當下真的承受不住更多的失敗，於是放榜當天我逃避了，系統開啟的第一時間，我選擇用睡眠來緩衝心情，手機鈴聲突然響起，吵醒還在被窩裡的我，半夢半醒間接起來，電話那頭很是興奮，興奮狀態在當時太不真實，我花了點時間才把迷糊的自己弄清醒。

「我剛剛在查榜單的時候看到你的名字！你考上了你知道嗎？」一位在補習班工作的學長熱情報喜，我立刻從床上彈起，半信半疑衝去開電腦（如果結局就是在地獄，請別殘忍的讓我到過天堂），「我真的考上了嗎……」查詢中，「……天啊！我真的上了！」我總算親眼確認，該校報考的兩個科系，一個正取一個備取，也就是說，板上釘釘，我有學校念了！我是個研究生了！

我按捺著叫不出聲的尖叫，快步走去向媽媽揭曉苦盡甘來的最終，一發出聲，才發現我還在顫抖，嘴裡吐完「我考上了……」，耳朵裡轟出一聲巨響，眼淚再也止不住地一瀉千里，人生第一次經歷什麼叫不能自已，果然裡外皆失控，原來百感交集後竟是傾巢而出，也了解到為什麼發自內心痛哭時會蹲坐在地，因為全部力氣都皺在哭泣的臉上了。老娘就是老娘，不來母女相擁而泣的感人大戲，認真傻眼看著我，拋下一句「好消息有什麼好哭的！？」，也拋下繼續淚水潰堤的我，邊手舞足蹈喊「我要放鞭炮慶祝！」，邊到祖先牌位前燒炷香向上通報（笑）。

閉關苦讀、考試、等待放榜，為期一年的作戰時光我沒有掉過一滴眼淚，從沒感到辛苦，也沒有任何悲傷，只覺得背若芒刺，擔在肩頭上整整 17 年的學業壓力，我解脫了，我可以用最溫柔的姿態將最後一次輕輕地放下了。我報到的系所，那一屆錄取率 3.5%，如果當初我「輸」了，也是輸在揹不住壓力提前放棄，「放棄」反面的意思，就是先輸給自己。

對好勝心不離不棄，將會長成什麼模樣？

好勝心是一把雙刃劍，用在取下勝利的過程，駕馭得妥，你能往內雕塑自己，往外披荊斬棘，凡事涉及過多就會變成糟糕，走火入魔，你也可能在徬徨無助時轉而刺傷自己，有位好勝心超越我的小女孩，她的父母擔心著有天失敗將會擊垮她，讓我想起小時候錯用不健康的自卑心態壓抑著自己。但現在呢？面對失敗，我學會分析原因、安慰情緒、接受解釋、與借鏡再反攻的能力，不需要排斥好勝心，因為成就任何事你都必須先贏過你自己，真正的好勝心根本不允許自己被挫敗打倒。

用心看待周遭的每一件小事，讓瑣碎的意義栽培出脫俗的理智，關鍵時刻才能跳出來管控你無邊際的性格，與我並肩同行的好勝心一路幫助我得到所想要的，也使我瀕臨瘋狂好幾次，那些折磨你在本書各個角落都能找到。（笑）

人生的 hashtags 你我不同，但 # 絕望一定都曾貼上過

小時候，若撞見媽媽獨自看大愛電視台，都會害怕的躲離客廳不敢靠近，小腦袋理解力有限，不明白大人的世界，憑直覺「是不是發生不好的大事了？」，才需要法師開釋媽媽的負面情緒。我現在的歲數和當時坐在沙發上的媽媽差不多，也曾被狂風驟雨澆著，載浮載沉游不上岸，如果真能掉進時空漩渦回到過去，我會靜靜地走到媽媽身旁，拍拍她的肩膀，輕聲說：「何止大愛台呢？木魚、佛珠、經書還是十字架……能紓壓的統統拿出來分享好嗎？」（笑）。

失控，其實是人類求救的訊號，是本能為了拯救自己的一種脫序行為。

時常耳聞，婦人辦事一不順心便惱怒，歇斯底里對服務員咆哮兼翻桌，明顯不是想仗勢欺人，而是言行離奇不合常理，事有蹊蹺，案情不單純，嚴格算來， 30 歲前的我就是三不五時撒點憂愁，沒有多天大的煩惱要掛心，聽此類新聞就只是見不賢而內自省，低調叮囑自己老去之後別一樣「無理取鬧」，幾年時間裡成長帶我走過一場場洗禮，心靈自力昇華，解讀事情多了一層過來人視角的假設，極度情緒化的表面，心裡一定存著深刻的悲傷，做著瘋狂的事嘴裡卻喊著「我沒有瘋」，多數都是連本人也不知道自己已逼近窒息，才會借題一件小事的刺激，大肆泄洪長久以來一直找不到出口的絕望。

當身體裝載過多接受不了又排解不掉的壓力，全身繃到不能再緊，負荷攀到頂點的那一瞬間，自我防護機制便會被迫打開閘門，全權釋放生理上再也無法抵擋的心理壓力，失控的人不是故意、也非情願，他們只是再也無法靠自己的力量承受住絕望，當下「目中無人」，是因為他們正在和自己打架，潛意識想要救活自己而已，不管表現出來有多厭世，說出多惡毒的話語，那些字句裏頭獨獨藏著一個求救訊號──「請你救我」。

請在身邊的孩子即將要知曉社會現實的全貌前，誠實的劇透該如何應付與學校的截然不同吧！

好勝心驅動我繼續開拓，以忍耐痛苦的本事對抗低潮，滿載的正向思考到此按下暫停鍵，我沒說的是，不論你的人生想過哪種主題，貼上標籤的過程中，你一定會破底向下遇見絕望，並且跌落絕望，因為真相不會完全符合你的想像，總有手足無措的第一次，誰也沒能逃開過。

在父母管轄範圍內的我盡責聽話，連快樂的寒暑假也會趕完能先寫的作業，再安心去玩耍，是師長眼中的乖學生，是被票選為品學兼優的模範生，在學校謙卑禮讓、誠實守信、熱心服務、友愛同學……這些都是學校教育我「正確」的價值觀。你和我，卻都曾在人生某個時間點，驚慌地發現大人要孩子遵守的品德規範，全都附加上了模稜兩可的意涵，倚著學校與社會銜接不起來的巨大斷層，我們都曾是那風口上無助的孩子。

不是要一概否定含辛茹苦的教育都是假象，學校是人類的終極理想和最深切的盼望，是已經身為大人的我們，需要誓死捍衛的最後一塊純淨之地，但有多少個孩子帶著是非分明的肯定踏進成人世界，就有多少個孩子對落差適應不良而墜入灰色鴻溝。

「實用」的職前訓練該是謹慎又不泯滅憧憬，不只是狹隘的職場爾虞我詐，人生有更多課題要正面迎擊，人際關係的虛實、婚姻戀愛的進退、經濟能力的取捨、群眾非理性的捧摔……甚至是遲早要經歷的生離死別，學校教的知識只是攸關孩子的成功與否，社會製造的難題卻是關於他們的生存與否，學校的最後一場畢業典禮落幕起，有太多事情從此只能自己一個人面對。

世界越來越複雜，人類心理陰影面積隨之擴張滋長，受困於抑鬱傾向的模樣，並不是我們刻板印象中整日愁眉苦臉，他可以在這一秒聊到捧腹爆笑，卻在你離開的下一秒起繼續被絕望佔領，只想無聲無息孤伶伶地消失。絕望總發生在獲得後又失去，我雖不是患者，卻也曾瀕臨搖搖欲墜，我清楚知道自己已不對勁，甚至再多往前幾步，身心主導權就會完全被奪走，意識到不正常的那一刻，其實我很訝異，心境竟與以往遭遇過的挫折全然不同，不像是突如其來的一拳重擊，那至少還能看清楚是哪裡受了傷，能去了解這傷怎麼治，而是像身處在四面八方都布滿濃濃濕氣的霉斑中，怎麼都燃不起想幫自己取暖的那把火炬。什麼都不再重要，什麼我都可以不要了，這是我第一次喪失再站起來的鬥志。

打從心底浮出困惑，才赫然想起同一道題曾被問過：「活著是為了什麼？」，年少時心裡沒有淤泥，我乾脆又樂觀的回答「人活著是為了快樂啊！」，他追問「為什麼要快樂？」，當時我並不成熟，沒能聽出問題背後他真正想說的話，家庭破碎，在他幼小的心臟挖出再也填不滿的窟窿，成年後也始終無法熱情面對這個世界，多年後當我對人生的意義也產生質疑，才終於能以同理心去窺探，原來他的內心一直都裹了厚厚一層的灰暗，以至於他再怎麼往外拚命看，永遠也找不著純白色的快樂。

那時我也看不見純白色，無法感覺到快樂了。失足摔進重度絕望裡，我失去了對任何事物的期待，稍稍一丟壓力給自己，生理就會立刻以各種疼痛作為反擊，我想著，也許是連身體也快要支撐不下去了吧？求生本能在警告我要一刀斬斷所有壓力來源。起初我也嘗試去做曾經能帶給我快樂的事情，可是，我成了一條泛不起一絲漣漪的死魚，我無感、也無力，那些曾讓我哈哈大笑的小事現在沒了知覺，最終，我撒手，不想再無謂的掙扎，只想安安靜靜的躺在黑暗裡，只想慢慢進入奄奄一息。

絕望拖著你陪葬，一把拔起救活你的，居然是更絕的絕望。

我以為一動也不動是此刻最舒服的狀態，混沌不明卻使難受越來越強烈，觸碰到情緒臨界點的頻率反而越來越密集，我逐漸認清，原來把自己扔在漆黑裡任由萎縮，不肯罷手，才是捻熄靈魂，乾涸自主意識的凶手，才明白我若再不用盡力氣去掙脫，去抓住已如風中殘燭的求生意志，很快的，一切將會惡化成真實上映的夢魘。

現在能治療傷口了。難關走入歷史，成為生命的一場實驗，於是我換上嶄新的場景，將整個人重新練起。運動，是身心最快速有感「正在好起來」的方法，從來都養不成習慣的我，直到「死而復生」，才一遍又一遍試出適合自己的運動模式，終於真正愛上每一次結束後的激活感。

很久沒讀完一本書的我也開始大量閱讀，浸泡在書海裡一本接一本，替一道道沾在蜘蛛網上的失敗解惑，也大把補進持續消耗中的正能量。這趟心靈奇遇，讓我幸運的探索出「無敵星星」，覺得你現在的日子一團糟，力求擺脫及振作嗎？除了運動、閱讀不能少，每日更要堅持「睡前回想三件，今天你做得很好或是很感謝的事。」，一天天累積，不需幾個日子便能察覺，你的體內凝聚了一股不可思議的淨化力量，你的思維會逐漸清晰，心理素質健壯強大，你親手割破了黑，讓光透了進來，你不再是低著頭的玻璃心，你會變得自信又開朗，當你又可以被逗得真誠發笑時就明白，隱形的疼痛，是時候，也復原得差不多了。

準備好，要開始播放你腦中的記憶膠捲了。

數不清有多少次，奮力爬起、衝刺，被惡狠狠推倒，摀著傷口再奮力爬起、衝刺，再被無情的推倒，年輕時不諳人生的力道，總愛在悲傷欲絕時把自己往死裡打，以為置之死地一定能浴火重生，在各種場合抽泣的一幕幕依稀記得，沒事了，閉上眼睛，循著塵封已久的回憶，去會一會在不同年紀流下眼淚的自己吧！

回到放聲痛哭的當時，情怯地挨近小小身軀的「她」，小心的對話著。

「我，決定要放下這一切了。」她沒有理我。

「你住在我的過去裡，你得堅強，我才能好起來。」她繼續哭。

「你看看我，未來的你會很好，你不必再感到害怕，我幫你擦擦眼淚，要勇敢，好嗎？」

好一會兒，她終於沒了力氣，擠不出眼淚，才抬起頭，「噢！是我！」。

也不是沒見過稚嫩的自己，但這場相見實在太奇妙，她什麼也沒說，逕自鑽進記憶膠捲，讀取還沒發生在她身上的「預見」。

「原來如此，當個大人都要這般難以承受嗎？……我懂了，我會努力，幫你，也就是未來的我，清除些許擱在心裡的沉重……」

這是她唯一一次開口，

「你這孩子，我才是大人啦！好好享受沒有負擔的現在就好，被自己暖哭的劇情也太矯情了啦！我就是你，是個智慧與美貌兼具的人間極品！我沒那麼容易碎一地的不用擔心我！等積攢夠了，我絕對會再一次閃耀無敵的！」

我哭笑不得，她倒是笑彎了腰，我摸摸她的頭，偷偷戳一下鼻子，告訴她「我不會再回來了，你自己要好好的長大。」那句感謝我沒說出口，又擱在心裡了，反正，她遲早會曉得的。

一輩子不知道會有多長，但你一定還有喜歡的事沒做完，刪掉 # 絕望，掛上微笑，不能改變的既定事實也能揉成一朵浮雲往天空拋，風一吹，它就會散去，消失的無影無蹤，不留痕跡。

你看，蔚藍的天空多晴朗，金黃色的陽光多燦爛，我超級喜歡：）

將世界帶走吧！去旅行，安撫你也不安放的靈魂

遠程的夢想比當前的目標範圍大太多，在以前若有人問「夢想？」，我都是苦思到腦死還擠不出滿意的答案，最後只好敷衍了事，吐出人云亦云的環遊世界，這題就略過了。現在再問一遍，我依舊會回答你「環遊世界」，但用的是斬釘截鐵的肯定。

你的夢想之一也有環遊世界嗎？

環遊世界在我多次出走後意義已經大不同，我要的不是各大景點炫耀性的「拍照打卡」，我要的是能用力沉浸、用力體驗，要在心中烙印下每一個國度的獨特風情，創造出專屬限定的回憶，能釣出我的好奇與渴望，才會排進時程珍貴的規畫。

或是眼珠轉一轉，或是親手碰一碰，或是腳底踏一踏，標榜「沒去過別說你來過」只在填補空檔參考用。

唯有到處旅行將世界帶走，把內心壓縮完整，點綴外在更出色，才能安撫我越來越不安放的靈魂。幸運的，有同樣熱愛旅行的伴侶陪在身旁，五年的時間，我們一同起飛降落了16次，卻始終都是在鄰近國家，受困感越發濃烈，「有直飛巴黎的佛心價機票，要不要去？」，集結天時地利人和，我有生以來終於首次飛出亞洲去。

十二月的巴黎，寒氣凜冽沒有雪，初來乍到毫無防備，沒有預設立場下，「顛覆」輾壓了我一秒前的思想，火光迸濺那刻起，情緒激昂不下。佇立在美到捨不得眨眼的芳登廣場，放眼望去，男女老幼每一張臉孔都是我不熟悉的深輪廓，當習以為常的2D電影畫面，完整立體的「現形」在真實世界，有幾秒鐘錯覺，我信了自己身處在現正熱映的大銀幕中。

在巴黎映入眼簾、嵌進心坎的人事物，都讓我推崇備至「百聞不如一見」的智慧，作為富饒情懷卻遠在地球另一端的女人，從前沒感受過艾菲爾鐵塔的魅力，不懂「鐵做的三角形」有什麼浪漫？卻在巴黎東奔西跑的七天裡，難分難捨的向「經典」致敬三回，離開後仍幾度在午夜夢迴重逢；我也沒料到，名字不討少女歡心的凱旋門，一件自 1836 年直聳在那的「建築」，竟散發出莊嚴威武的男人味誘人迷戀，一見本尊，肯定會在剎那間心跳漏了一拍；羅浮宮的玻璃金字塔也是一絕美，明明是晶瑩剔透，卻總讓人忍不住懷疑藏有不為人知的秘密，彷彿再多點凝視，思緒就會被勾進神秘色彩裡……

登陸法國短短 168 個小時，巴黎的無限精彩紮實的征服我的身心靈，但再醉心，全部都只是我主觀的感受，來到這裡你將會遇見什麼樣的驚喜？會在這裡發生什麼樣永難忘懷的故事？一切都得你親自去享受過才能實現，我能做的，我想做的，就只有鼓勵你，「喚醒你的旅行魂」這一件事而已。

追求成功的人都喜愛去旅行，因為世界的遼闊將帶給你無框架的正向影響。

將世界帶走，旅行各地的經驗無價，就像暫別亞洲的巴黎之旅，只用了星期一二三四五六七，輕而易舉的將我翻新。攝氏零下二度，我和他花一整個白天的時間，參觀完凡爾賽宮的富麗堂皇，一坐下讓腿歇會兒，兩人默契考驗般同時掏出手機，開始著了魔似的，不停查詢各種歷史資料，「這座偌大的宮殿裡，究竟還發生過哪些蕩氣迴腸的故事？」，還摸不著是哪兒冒出的求知慾，接棒的後座力再度使我震驚，除非考試，不曾瞥過歷史書籍的我，回台後竟在逛書店時伸手去翻閱一本歐洲歷史，還讀了幾段，最後買下，旅行的美好持續在往後的日子裡吸引發酵，無法自拔。

原來「讀萬卷書，不如行萬里路。」十足老派也綿延深奧，旅行能有什麼意義？誰也沒有標準答案，我個人會填上的是：你能明顯感受到，人生價值觀深受旅行啟發，在慢慢起變化，而我本人非常喜歡內心逐漸充實的轉變。

說要將世界帶走，不是空虛的喊喊就算數，是真的要「帶走」！

藉由旅行安撫你不安放的靈魂有兩種方式，來到巴黎，嚮往美好事物的靈魂，能在處處都是「美」的領域中，填滿你的歸屬感，而第二種收穫便不抽象了，靈魂寫實的飢渴，慾望的深淵，請容提倡成長也提倡理財的我毫不羞恥宣布，是購物。

我在孕育時尚的法國一次拿下兩款包，一款是 CHANEL 歷久不衰的 classic flap bag，一款是 LOUIS VUITTON 沒有備案的 pochette metis，不是因為踏進購物天堂興奮到理智模糊，早在機會來臨時就已「被動」決定了。我原有的精品就一個 PRADA 牛皮長夾，十年來完好如初，就亮桃紅色些微黯淡，想見新人笑也狠不下心聽舊人哭，沒理由汰換，其餘都是COACH，一個是他去美國出差帶回，兩個是日本outlet破盤價，唯一專櫃當季款是為了使用禮券才買，數完都想讚嘆自己自制了（笑）。對於精品包我倒不是沒有慾望……只是我破解不了自己精打細算的個性啊！想到地球上還能買到更便宜的價格，心就硬起來了啊！也不想麻煩出國的親友，更怕代購有假貨，忍了三十餘年……（愛買包是女人天性從出生算起無誤），好不容易能親自遠征法國，買在低點難道不算聰明理財？

老娘錢花得有理！第一，一次花二十萬新台幣買包聽起來的確聳動，但我並不會因為這筆帳要月月土壤吃到飽，實現慾望前，請再三考量即將「一去不復返」的代價，不要讓奢侈品變成名副其實的「奢侈」。第二，若不是絕佳時機出現，我沒動過「該入手了唷」的念頭，我問了我自己，「是不是這輩子一定要擁有個香奈兒包？」，「是，因為我值得。」，既然遲早要發生，當然「擇優」處理！比價兩年半後的現在，台灣專櫃貴了十萬五千元！第三，老情人PRADA曾為我擋下無數次錯愛，用十年教會我一課「家裡有個多金多肌肉多才華的優質男，還看？」，砸錢一次買到位，也買了個警惕「路邊的野花不要亂採」，錢花了，錢也省了。

你認為幾萬塊買一個包是浪費嗎？帶你算算，要價五萬多元的 LV 郵差包，兩年多來我天天帶出場，平均一天使用成本 60 元，比一杯咖啡還便宜，驚不驚喜？意不意外？在地攤花 200 元買包卻不曾用過，這 200 元等同人間蒸發，懂了嗎？「錢白花」才叫浪費。有經濟能力、理性消費，對的時間、對的自己，才配得起對的行頭，水到渠成，大寫的剛剛好而已。

> **世界不完美，卻足夠你用一生去探索未知，更多的是數不完的讚嘆，去旅行，安撫你不安放的靈魂，將世界帶走，打造出你也欣賞的自己。**

我想去北歐，一睹祈禱幸福的極光，那是在低緯度所見不到的視覺饗宴，更大衝動想去非洲大草原，曾經我動情地向他傾訴，多麼想被野生動物們包圍成一個圈，畫面溫馨無比，他淡然看著我，沒有一絲被我澎湃的情感渲染，只說「你會被吃掉」，從此我學會如何有效率的熄滅慾望之火── 轉頭對你的男人說話（笑）。

我忘不了在馬來西亞島上放生小海龜的典禮，壯烈感，衝擊感，感動直落我心底最原始的柔軟，淚腺一秒都無法再壓抑，世界的各種形狀，你一定都要親眼見證一次，並裝進心裡……

沙灘純淨透著光，一群蓄勢待發的小海龜正要啟程牠們的冒險，一登上陸地就緒，沒有二心，只對準大海的方向，毫無畏懼跨步邁去。白色細沙沾滿小鬥士的全身，彷彿是別了無數戰功的榮譽勳章，替自己加滿勇氣，左擺一步，右一步晃，啪啦啪啦，吃力扭著卻勇往直前，使勁兒的背影惹人憐愛。就在此時，龜生第一道關卡乍現，輕巧卻不留情面的碎浪，一波波拍翻一列隊努力抵達的奶娃兵，易如反掌。四腳朝向天，傲著一身骨氣，又小又弱的身軀用盡洪荒之力搖晃，龜兒不服輸，人類心疼，也含著淚發噱。夕陽餘暉，波光粼粼的海平面暈染了溫柔的打氣，一個個終於不辱使命，遨遊在海洋藍色的胸襟，鏗鏘有力寫出生命……

運動本身不誘人，卻能使你變誘人

「先不要！」討厭運動也請你別直接跳過！

過去我對健身房是一律「老娘沒興趣」、「與我無關啦～」，一個華麗的轉身，揮一揮纖纖玉手便無情地說掰掰。如果你心心念念想培養個健康的好習慣，我的三大「誘人」體驗將使你無法再抗拒，給自己許個希望，你會和我一樣徹底倒戈！

當真不愛運動？「還沒」而已！

不只一位熟人想往我脖子掛上大餅，好讓我再也不用離開最愛的床，要比懶，我真的不會輸（笑）。縱使熱愛上山轉圈圈下海翻個浪，依舊惰性堅強養不成運動習慣，甚至不能理解

「為什麼跑個步需要花錢？」，家門打開，雙腿邁開，不就隨時隨地都能跑到天涯海角了嗎？健身房既「室內」又「機械」，完全「不自然」啊！直覺式窠臼思維，直到隔壁新開一間健身房，開幕價、身體健康、潮流時尚，同步對準我發射，幹勁被充飽飽便成了會員。

月費繳多年，使用頻率卻斷斷續續，隨便一點說給自己聽的藉口就對自己裝傻，還曾荒廢半年之久，在每30天就要被「浪費」羞辱一次的壓力下，最終榨出我的心虛，邊反省不該，邊檢討剖析「為何就是養不成習慣？」，這問號你肯定能接一串滔滔不絕「好累、太忙、好遠、無聊、一堆準備，麻煩、器材不會用，也不想花錢請教練」等眾多理由，不要緊，我都懂，因為以上我全中（笑），無論你符合幾項，總歸一句「我們都沒找到堅持下去的動力」。

許多事情促成都不是來自刻意的行為，一個不經意舉動反而容易超越原本的「零期待」。

廢宅日子過久當真無聊的慌，晃晃健身房每個月都不忘寄來的發票「時候到了啊……」，懶得換運動慣用的無袖，直接套上排汗衫，天氣些許微涼，乾脆下半身也捨棄短褲，改穿全長壓力褲，著裝完畢，出發。

「先跑步暖身吧！」，「可是跑步好無聊……」，「不然今天跑 15 分鐘就好，有誠意點，速度加快也有效果吧？」，「好，就這麼定！」和真性情一番討價還價，我終於肯戴上耳機，開始運動。一個小短片結束「媽啊～才過 2 分鐘！？好，再一段……」，「嗯～ 4 分鐘了，有夠無聊……」白眼翻一翻，「7 分鐘了，好像體力沒消耗，不累？久久一趟不能白來，那……再加速。」，「……哇，熱起來了～這就是燃燒自我嗎？」，「噢噢～汗滴下來了！上次流汗是何時我都不記得了，現在竟然噴汗！」，「耶～ 11 分了，太好了！雖然有點累，再撐一下吧～」，「唷！時間快到了， 14 分 58 秒、14 分 59 秒，酷！ 15 分鐘到！我做到啦！降速囉～」。

說好的 15 分鐘就是 15 分鐘，遵守和自己的一言為定！

「快走一下緩和身體吧～」，「咦！似乎挺舒服？像踩在雲朵上？」，呼吸平順後，看著鏡中汗水橫流的自己，有驚也有喜，我驚「我居然可以流出這麼多汗？」，我喜「撐完 15 分鐘忍住了不耐煩，我今天好棒棒！」，實現完對自己的承諾，我就轉身離去，心滿意足的跳著回家，完全沒有過往運動後的疲憊與排斥。第二天，我異常想念昨日大口喘氣，一種卯足全力把體內廢氣吐光光，再迅速回補大量新鮮氧氣，反覆享受重獲新生的快感！無心插柳的裝扮意外造成大爆汗，全身毛孔沖了一場酣暢淋漓的熱汗澡，原來「汗流浹背」比起「出汗」，感受到的生理爽度竟有巨大差距！連帶擺脫一身厭世感，心理跟著爽！當晚我飛快吃完一整個便當，身體仍是輕飄然～於是，同樣模式我隔天再跑一次，大後天又一次，第五天也沒缺席，沒有勉強、沒有激將、沒有多餘的情緒作祟，我與健身房的友誼正式洗白！

答案揭曉！「跑步 15 分鐘，結束」對有運動習慣的人來說，簡直是「不求上進」，先求有再求好！每個人的偏好與體能條件有程度之別，你討厭運動及愛上運動的理由不會和我如出一轍，盲從抄襲他人路線並不能成就我們的慾望，錯用大道理恐嚇自己「難得爬進健身房，做好做滿前都得硬待。」，只有足夠了解自己才能因材施教，試驗出合適自己的模式，譬如我懶，也受不了無聊，採用縮時高效的運動方式，才能讓剛起步的我有意願去維持，過度求好心切，忘記要循序漸進是我習慣養成不斷失敗的主因。

別急著丟給新人教科書級的規矩和步驟，基礎運動，以不損傷身體為原則，先達健康再講究效果，眾老娘連門都不想推開了，別矯枉過正倒紓壓為施壓，逼心有餘而力不足的都逃之夭夭！入門輕鬆，輕鬆入門～

你懂運動，運動就會幫助你。
當你懂了運動本身其實很誘人，從此運動將幫助你變誘人！

體重或體態，運動的基本配備不需再多我一個掛保證，愛美，不必死磕出驚人的肌肉線條，也能變美！你一定有過360度環狀自拍，卻沒有一個視角看自己順眼，甚至只要太過疲勞，一覺醒來驚悚呈現「眼歪嘴斜」，在膠原蛋白流失前我常被誇臉小，後來整張照片唯一主角就只剩嘴邊肉，從不曾有過的困擾，卻在日子匆匆碌碌中成為我的「必修」，起先還誤以為「都」只是暫時性的失態，幾個湊在一起的輕熟女點頭如搗蒜，同病相憐，怒懟催人老的歲月，催屁啊催（笑）。

女明星總說，運動是她們依舊貌美的秘訣── 原來都是真的！本意是想鼓勵自己，喜歡張牙舞爪挑戰完極限後，站到鏡子前欣賞臉上流得亂七八糟的汗水，送上滿意的微笑，「我今天有來運動噢，耶～」喀嚓紀錄當成果驗收，兩個月過去，天上掉下禮物── 我堅持不懈的精神成了現代愚公，成功移走雙頰上的垂肉山丘！不可置信的我各種角度瞧，發現是臉緊實了！原來運動就是你的「還我漂漂拳」！還有，每當運動完畢，身體甦醒，水嫩光亮的肌膚、紅潤通透的氣色，立刻飆升至最佳狀態，素顏出門自帶 spotlight ！

靠運動減去心中不必留下的雜質，簡單直爽地增添自信，
更純粹的你才能接住純粹的幸福！

運動學問沒那麼淺！變誘人的不止是你的外表，更深層的誘惑，是你由內而外發散乾淨正面的氣質，使你交流彼此時誘出對的人。我個人收穫，最大贏家其實是表面下的心理，你一定聽過藉由運動走出人生低谷的實證，他們不單是因為通體舒暢的直接感受，而是根據科學研究，運動後，大腦會分泌激素幫助排解負面情緒，內外在雙受益，若肯下苦功，使心志也鍛鍊出肌肉，當再一次迎擊挫折，困在陰暗面的時間就會遞減，心靈環境趨於健康。成就感也是同步積攢出來的能量，可儲存，每踏進健身房一次，就是我一次小小目標的達成，每多跑一分鐘，或是速度增快一級，你都應該毫不扭捏的為自己鼓掌！

還沒醞釀出興趣前，理性著實易被惰性挑釁，一言不合就要出渾身解數來抗拒，「農民曆寫今日忌運動。」，此刻「宜」傾囊耐心，「宜」放軟安撫，「15 分鐘就好嘛～一下下就結束囉，很快很快～」，放空你的任性，迷惑你的意識，待脾氣稍有消退的跡象，火速把自己往門外扔出去，等運動 15 分鐘後，身子熱了，融入情境了，你就會情不自禁接續下一個訓練，若仍舊沒有意願，也許真的是身體狀態不適，那就果斷回家吧！勉強來的更容易失去，殘留厭惡就像埋下嫌棄的種子，有天就會拿不重要的小事當半途而廢的藉口，太不值。由衷愛上，已制約，這時不去活動筋骨，日常壓力沒有透過運動釋放，你的身體反而會以各種「莫名不舒爽」以示抗議，恭喜！你成功培養出高難度的習慣，現在你還能將經驗運用在其它習慣養成上，懂得自我控制、心理素質堅強的你，再三誘人！

習慣也是不進則退，暫停太久便會前功盡棄，基本功紮實了，一項一項進階突破吧！最初被我拉黑的跑步，引領我開啟身心強化的新境界，不論是姣好的外型，或是給人陽光的印象，喜歡運動的人總是能吸引人們靠近、欣賞，運動帶給我最大的轉變，是重低音的腳步聲咚咚咚，變成清脆誘人的噠噠噠，輕盈了我整個人虛的與實的沉重，簡直是吃到飽概念的「副作用」，我都停不下來了，還有誰想賴在懶人同溫層？我也才開始，你快來人！（笑）

現在，
鋪好你成為
大人物的套路

站到對面去，狠狠端詳自己。

絕大部分的你，大致底定在學習能力最佳的年輕歲月，像手作陶藝，陶土濕軟時，一個指尖輕輕觸碰便能改變形狀，時間拖久，泥漸乾，想要再次塑形便沒那麼容易。別再浪費關注在他人身上，想要「無痛感」走到目的地，你需要更多的時間進行，30 歲要完成閱讀 100 本書，25 歲的你每年要讀 20 本，約兩個半星期一本，如果你 28 歲，每年要讀 50 本，約一個星期一本，比較起來是不是壓迫了許多？鋪好你對自己設下的套路，現在就得開始。

想要活出大人物，需要一番鐵面無私的「算計自己」，設計出苦你心志的套路。

「靜如處子，動如脫兔。」是小學成績單上導師給我的評語，國中培訓我即興演講的老師，論我風格「不擔心你放不開，只擔心你收不回來。」，高中姊妹最常對我說「快點把梅姬關進籠子啦！」，研究所同學含蓄表示「Maggie在時就好熱鬧。」，社會人士的我直接歸類為無酒精也能自燃者。

嗯～雖然中肯，梳理起來怎覺得有些瘋狂？（笑）茁壯的路上你不難發現，欲內化道理，第一個步驟要先「了解自己」，以前我篇篇文章讀得頭頭是道，實際運用卻滿是困惑，「過來人」耳提面命要我們弄懂自己，到底怎樣才算是對自己了解？字面涵義太籠統，敲深一點，其實就是要明白你價值觀的來龍去脈。

針對一事件的發生，你的看法是什麼？為什麼？是與非的分界並不是條「線」，而是存在討論空間的「面」，每個人的價值觀會因親身經歷導致偏好，不是只能染上黑與白，各種主觀意識是多元性的色彩，你必須知道為什麼選擇站在這一邊？清楚了，你將能更精準預測自己，事後檢討也更能透澈剖析，以利自己進步，當手中掌握住自己的部分更多了，再遇到困難，也就沒赤手空拳那麼難了。

我們之所以獨特，是因為每個人都是由難以計量的價值觀組成，沒有兩個人的想法是完全複製貼上，同時也會發現，市面上的「金句」時常出現立場相撞，闡述著各自的「真理」，一樣是探討身材，「你連吃都不能控制，那你還能控制什麼？」，但不在意肉感身形、日子過得怡然自得的也大有人在，「心美，才是真正的美。」，兩方對於自己嚮往的生活都是有態度的，道不同不相為謀，即使到達的目的地不一樣，卻都是同樣在實現自我認同的價值觀，並沒有誰對誰錯。

要提升自我變優秀，不同角度出發的價值觀需要不同的激勵，適合不相同的方式，減肥苦海中的男女，有人在手機螢幕放上比基尼照，溫柔的提醒自己，也有人信奉歹毒的瘦身語錄「要嘛瘦，要嘛就去死」，手段激進。價值觀沒有標準答案，模稜兩可增加了你認識自己的難度。

「真正的自己」究竟要如何判斷？

這麼解釋吧！隨著所經歷的事情越多，你越能深刻的體悟到，世上曾經被你列為「絕對」的事情，將會一個個逐漸減去，因為你遭遇的每一件事，都會影響過往所存檔的「認知」，想法會堆疊覆蓋，不斷在改變中，外在的生理會變，心理層面當然也會變，內心的變化更是發生在一瞬間，或是風一吹就散的粉末，或是再也搬不動的巨石，要學習接受「常態」，而不是事事都要咬定「永恆」。

每一個階段你都要費思量「坑」自己，對症下藥，操作價值觀去符合當下的目標，認真執行，「先苦後甘，還是及時行樂？」，甚至妥善設置相反卻都有理的觀念，在你成為大人物的套路中。

鄉村長成的我本質熱情，一戳中笑點，就會拍著大腿、忘記優雅豪邁大聲笑，打噴嚏不拘小節，會又突然又高分貝劃破寧靜，害旁人受驚不悅，喜歡討無傷大雅的樂趣，惟恐天下過於沉悶無聊，懶惰怕麻煩，只會在工作時手動打開心機模式，遇見同頻率會有問不完的話題，想挖完所有新鮮事物，在自信領域頑固需大量溝通，一旦亮起說服，會對你投射認同與崇拜。現階段的我，藉由生命一橫一豎撇出的大小事，交織出根深蒂固的自己，回首人生，感謝爸媽命名的「梅」字，鋪出了我成為大人的套路，「不經一番寒澈骨，焉得梅花撲鼻香。」，真是好詩，奮鬥的路途也是好溼。

PART 2

愛情要的，你要的，是充滿幸福感的相處

I 何不用經典智慧，打造出你經典的愛情？
II 肯定你的他，你會越來越肯定自己的品味
III 就要對你好，你不行的我來吧
IV 把你的在乎裝進禮物盒裏，撼動他的心
V 都揉入你的擁抱，噓！只要感受千言萬語
VI 全心全意的時刻，刻出你們的永恆

何不用經典智慧，打造出你經典的愛情？

甦醒，睡眼惺忪，給你早安的擁抱，讓你感受一天開始的美好，認真工作，吞了委屈向他訴苦，他回訊開導鼓勵，暖心打氣，為安撫你低落的心情，下班後他帶份禮物回家，被放在心上的你回謝，下廚他最愛的料理，兩人愉快的吃頓晚餐，你起身洗碗、洗髒衣服，他收拾家裡倒垃圾，想著趕緊完成，等會兒是約定好一週一次的電影時刻，你最喜歡一起躺在沙發當影評了，閉上眼睛睡覺前，不忘親口晚安吻才入眠。

親密的接觸、正向的肯定、貼心的禮物、主動做家事、兩人世界，充滿幸福感的相處，是你要的愛情？

「相愛容易相處難」對現在的我已不成立，愛情有多種面貌，只要一方有愛我都算，容易的卻只有起頭的戀愛，嚴格論，是啥都不跟你計較的熱戀（笑），試煉後再度相愛才能稱上真愛，豈容易？將你的愛情從身體掏了出來，交給另一個人，自然想要他也掏出，承諾共度餘生的戒指，甚至貪心地連下輩子都要定，愛情嘛（笑）。既然說了一世，我要的愛情，等於了兩個人相處過日子，一個人類已複雜多變，兩個人類加在一起當然更棘手，產生愛情以來所引發的痛苦，全都起因於最初的那份幸福感，於是愛情要的，你要的，是往後相處繼續交織出來的幸福。

長大後沒有課本，但長大以後的人生遍地是煩惱，現在的我習慣讀一讀書，在書中找尋解答，「愛」不是測驗卷上的是非題，對錯一清二楚，一道道沒有標準的申論題，你認真寫完了也可能沒有人讀，愛情製造了浪漫，浪漫製造出燒腦的困惑，我們窮其一生都在求各種答案。因為大學一篇期末報告，讀了《愛之語：兩性溝通的雙贏策略》一書，當年只閱讀一遍，從此潛移默化談感情的思維，至今仍在努力實踐，幸福相處的精神發展出我們的故事，根據實際互動，對於兩性議題也有了我自己的解讀。

如何充滿幸福感的相處？愛之語的智慧堪稱經典，奉為我愛情圭臬，作者認為，每一個人都要愛人與被愛，不同類型的人需要不同方式的愛，他用輔導婚姻多年的經驗，歸納五個愛的語言：肯定的言詞（Words of affirmation）、服務的行動（Acts of service）、接受禮物（Receiving gifts）、身體的接觸（Physical touch）、精心的時刻（Quality time），不限於愛情，欲相處幸福的對象都可以套用，愛情劃過的傷太疼，別讓你的真心赤裸在原始叢林冒險，既然要愛，何不用經典智慧，打造出你經典的愛情？

建立一段良好的關係，首先要找出自己和伴侶最主要的愛之語。不是一人一種，五個面向都有多寡程度之分，明白自己的需要，才能進一步讓伴侶了解該怎麼愛你，同步學習伴侶要的語言，準確給予，達成有效的溝通，如重視的是身體的接觸，明明親親抱抱就能哄哄他，你卻每天老送他禮物，牛頭不對馬嘴事倍功半呀！他感受不到你的愛，你的付出得不到回應，容易錯認伴侶是不知足、難討好，我們經常不自覺投射自我意識，忘記了他不是你，你覺得激情，他只感覺平淡，始終不肯去理解對方，陷在雞同鴨講，呈現對牛彈琴，之間將淤積出越多困難，阻礙你們前進。

在愛裡裹足不前，要思考步伐變沉重的原因，早知道的道理會遺忘、根本文不對題，爆發問題的當下還受負面情緒拖累，實作加倍艱難，愛情關乎的是兩個人，只有一方使力也是徒然，除了自己要振作，還需要更多力氣去幫助對方，又不是通電，兩人很難同時想到一塊兒，付出並不難為情，提起勇氣，經營感情常要做出改變，讓現在的你們感覺幸福，過去的不開心也許就能放手遺忘。

「你覺得做這件事是好的？」

「是。」

「如果現在不去做，你會在未來想起時感到後悔？」

「會。」

我在猶豫不決時會問我自己，如果答案肯定，那就去做吧！以免將來可能產生的後悔，要為人生遺憾負責的，一直都只有做決定的你自己。

肯定你的他，你會越來越肯定自己的品味

「別人一誇讚我，一旁的他就要吐槽！」明明愛意濃烈的兩個人卻能吵到厭惡彼此，我倒抽一口氣，急著想幫忙澄清，只因這誤會我太熟悉。

一句話能有多強大的力量？

待人處事要謙卑的美德，深植在上一代觀念裡，讚美自己人的舉動「太不謙虛」，實在害臊，「你的孩子真有禮貌呢！」，「沒有啦，他又懶，書又讀不好，哪像你們家的孩子什麼都優秀。」，先是否定別人的肯定，再用對別人的肯定來否定，簡直雙重傷害（笑），奇怪的是，長輩根本無意打擊自己的寶貝

心肝，認為只是一種禮貌的表現，如果你也來自傳統思想的家庭，說出肯定的言詞（Words of affirmation）對你可能也是吃力的，吐不出的愛意只能放在心裡。

後來我明白了，當你釋出善意，真誠表達出心中的欣賞，受到最大鼓舞的會是你自己，因為能給予的你，內心是溫暖的，你的喜歡讓他人感到快樂，回收感動的你又更滿了。恨意只會往糟糕奔去，別輕易濫用你的恨意，想想網路霸凌，不負責任的文字卻可能使一條生命消失，無法設想的後果，往往我們都承受不住，既然選定彼此共築生活，攜手要創造的是充滿幸福感的相處。

住一個屋，要時時放大你愛上他的優點，並且打包你全部的包容，送給他的缺點（笑），你會在婚後發揚光大此信仰「極致肚爛時，也要能欣賞他的好。」。熱戀時期，旁人會作嘔的話都能說得自然，肯定的言詞只是基本，根本隨時在神化（笑），相處時間一拉長，之後發生的摩擦或多或少擦去了感情，留有傷疤，耐心急速迫降，情緒一來就一觸即發，不管是不是事實，鬼遮眼的你全盤否定，過去認為的好遍尋不著，把整個人畫了一個大叉叉，做什麼事都能讓你不舒爽，連呼吸都嫌浪費空氣（笑），感情狀態一片稀爛，能閉上嘴，不出口惡言已算是有修養。

在衝突即將爆發的前一刻，更要拿出換句話說的功力，穩住自己情緒，將危機降為一場演習。

「重話輕輕說」的技能你不能不學會，語氣比平常再柔軟些，用肯定的言詞慢慢拆除危機。情緒上頭誰都很難把持理性，與其病入膏肓再犧牲更大代價，不如天下太平時多點經營（笑），簡單點也沒負擔，感情帳戶勤勞存，才不會一出事就爆擠兌潮。

兩個生命一起過著的日子，一點雞毛蒜皮都會影響彼此，陽光樂觀也會被重度負面的另一半耗盡，你來我往，雙方一言一行皆是正、負能量的消長，強弱快慢，無時無刻在你們之間流動。

我最大的成就，就是用肯定的言詞成功教化他的整潔衛生（笑），曾經我打翻整碗的牛肉麵，激情四射的湯汁，高掛椅背的麵條，淘氣躲貓貓的肉塊，似核彈轟過的現場如掐住脖子令我難受，腦中第一個閃過的念頭是「可以直接搬走嗎？」。潔癖倒不至於，我只是有「物歸原位」的強迫症，伴侶得辛苦跟著維護「規矩的環境」。養成習慣需要時間，小不忍則亂大謀，硬碰硬治標不治本，我以身作則，看不順眼的地方就動手整理好，即使是他搗亂也不動口，如果中途棄守，失去耐心辱罵「喂，垃圾車來了，你可以跟這堆一起上車了。」，暴力譴責只會激起後青春期的叛逆，裂出一道再也不肯跨越的鴻溝，更難等到浪子回頭了（笑）。

人類有向光性，愛乾淨其實也是天性，享受過清潔舒適，對生活品質的標準會被滲透，終將自發性跟進，當他開始主動打掃，招式甚至青出於藍時，千萬別吝嗇你的肯定，趕緊瘋狂按讚「噢～你真棒！收拾得好整齊！深藏不露耶！」，要確定他充分接收到你的肯定，次次到位灌滿再一次的動力。

他最終習得收納清掃的本領，我熬出了頭，打鐵趁熱，肯定你的他，他將愈來愈讓你驕傲，你會愈來愈肯定自己的品味，當初沒有愛錯人，現在也是。

誇讚不是認輸，讚美他的好，並不等於你差！

稱讚不是相對的概念，不是在比較，不是一方有所得一方必有失的零和賽局，他前進你後退，跳什麼恰恰啦！搞錯方向！你們是簽約組隊的隊友，朝一個目標衝刺，不用為了一面金牌廝殺，可以一起榮登最佳男女主角！沒毛病！

打通觀念後你會豁然開朗，肯定的言詞一點都不難，就是說出當下感受到的好，「事情處理得很完善呢！」、「你的肌肉線條真性感！」、「你做的這道菜好好吃喔！」、「今天上班辛苦囉！」，只有在感情不穩定，抽身保護自己，心態退回單獨個體，才會扭曲對方的好意，什麼都想較勁。

感恩式思考能口吐蓮花，道謝也是肯定的言詞，肯定他的幫忙，肯定他的能力，卻常被我們忽略，早期價值觀「三八啦，自己人幹嘛說謝謝。」，認為說謝拉遠了距離，太見外，以為一切盡在不言中，結果，睡醒幫你泡咖啡、逛街幫你提重物、吃飯幫你剝蝦殼……久而久之，對你的好都成了理所當然，為愛付出成了應盡義務，正是相看兩相厭的起手式。

一聲謝謝，也是在提醒自己，沒有什麼是應該的，誰都沒有要應該做什麼，心懷感恩才不會踰矩，對方得到感謝的回應，往後才會心甘情願再做。

開門見山讓害羞體質的你，更開不了口讓他知道？我寧可「我」笨拙，也不要「我們」留遺憾。

不說肯定的言詞了，我們直接說愛吧！情意湧上不說出口，會噎著，好的事情不用猶豫，發出「愛你。」訊息，繼續手邊在忙的事，不等回應，不抱期待，你只是傳遞心意，不是喬裝的勒索，不要造成雙方的負擔。

嘴上天天掛著愛，聽久了他不會麻痺，也不會讓這三個字變得廉價，用心回想你就明白，當你從他嘴裡聽見，被觸動的你，是不是也想立刻說給他聽？美妙的事物有感染力，說愛永遠不嫌多，你會被收服的（笑），今天對他說掰掰時就用「love you」代替吧！彆扭的只有第一次。

肯定的言詞，力量可以強大到擊潰所有誤會，一句以傷人為目的的話，也可以築起高牆形成兩個世界，永不相見，說話帶刺好比下毒，尤其針對身邊愛你的人，越在乎中毒越深，「都是自己人也要那麼累？」，就因為是對你萬般好的親密愛人，獻上最好的自己都不足以報答了。當話一說出口，第一個聽見的是你自己，難聽，後悔不該，都已來不及，多多練習先讓大腦審核再輸出，好話能增添彼此的好感，是家常必備良藥。

現在就一鼓作氣，轉過頭對你的伴侶試試，簡單的「你今天看起來好帥！」也好，瞧瞧他的反應，是驚喜，還是驚嚇？（笑）

就要對你好，你不行的我來吧

戀愛中的倆人滿心衝勁，總想為對方做些什麼，浮誇派的想飛上天摘下閃亮星星，人間系的視每一件都是最重要的小事情，會體貼你身體不適幫忙吹頭髮，丟掉你的破襪再偷偷放新的回去，見你累癱在沙發直接撲上去按摩……即使是見過大風大浪的姊姊，也忍不住挖出塵封已久的少女心，噴發、再噴發，事事就要對你好，完美詮釋了——服務的行動（Acts of service）。

問問自己，你還會主動為對方做哪些事？

求愛時期，人人積極展現最優秀的那一面，像孔雀開屏求表現，較大的事客氣的搶來做一做，小事順手就處理掉，等粉紅泡泡被個個擊破，那時才是真愛考驗的開始。在你歇下後，他默默撿起你不想碰的日常瑣事，幫你完成了，五歲小孩都能做的事，不會覺得他是救下落難少女的白馬王子，好厲害、好浪漫、好偉大，太過平凡的好經常被漠視，一聲肯定伴侶的「謝謝」一起被省略，小心養出頤指氣使的大爺，或是只有公主病的假公主。

例行家務很乏味？試試花招百出的「雙人服務」，化枯燥為信手拈來的情趣吧！

先刷牙的你幫他擠好牙膏，用存在感紮根生活，悄悄刷出對你的依賴，又餓又饞，泡麵一次泡個兩碗，揪他填飽肚子做伙幸福肥，週年慶擠破頭搶折扣，別忘了請櫃姐也推薦伴侶用的保養品，連他的肌膚一起呵護……全都是順手順便順路的服務，非一個口令一個動作的要求，傳遞出你真心誠意的付出，代表你的心思已住進兩人房，正式宣告脫單，有福能大方與伴侶同享，有難他也才會與你同當。

見你日子焦頭爛額，一併幫「頭焦額爛」的你執行完畢，記得湧泉相報，如果你就是要一肩扛起的角色，非惡意脫隊下，要獨自越過堆積如山的家事，莫急莫慌莫害怕，就是跟煎熬比場角力罷了。人生中的麻煩事本來就存在於生活中，不是突然冒出來玩鬼抓人，一個人住你也要打掃、繳費、修繕，先引導心浮氣躁轉個彎，替不是凶手的伴侶洗白，第一時間遏止怒火繼續蔓延，少一點肚爛，釋出的空間就能裝多點同理心，當你打住脾氣，動起手開始……地板鋪滿碎屑，毛髮結成一團，吸塵器一打開全都清潔溜溜，療癒；抹布來回擦去桌上殘渣，再將東倒西歪的瓶罐排列整齊，曬衣服、洗碗、倒垃圾……隨著煥然一新的環境，黑麻麻的心情一步步明亮了起來，掃乾淨的是你的心靈，一切搞定的成就感使你放鬆下來，恢復正常。

願不願意之外，能不能也要加進去考量，因為意願與能力會相互干擾，提升行動的效率前，重啟萬年話題「找互補個性的伴侶，還是和自己相像的複製人？」，「能力互補，嚮往一致。」現在的我能肯定地做出選擇。術業有專攻，生活上的問題若涉及工作領域，務必尊重專業，禮讓主場優勢，靠邊站配合，和他相遇時我在金融業，他則一直在科技業，看起來是沒交集的平行線，卻意外填補彼此最大的缺洞，幾次幫助他規劃理財，觀念從零開始潛移默化，3C 產品一竅不通的我，也常對一展工程師長才的他激增愛慕（笑），他屬樂天派記憶，於是我兼當俏秘書，包辦待辦事項的提醒、過去回憶的點播，孩子們的遊戲王是他，我尚在學習如何破冰……我的弱項，他的強項，我不行的交給你了，你不行的我來吧，發揮各自所長，剛剛好的崇拜，天衣無縫的肉麻，不僅是種可靠的安全感，也是身為伴侶的驕傲，當各種能力的缺角終於拼在一起，對付人生課題的戰鬥力升級，默契十足的你們成了最佳隊友，豐碩生命共同的畫面。

屋頂都吵掀了去，到底在吵什麼？原因小到聽了噴飯，連當事者都想不起來，付出若是失衡，哪兒都將是縱火點（笑），並非要計較等量各半，一個鍋配一個蓋，心甘情願，有共識就好，男女構造先天有別，再加上後天刻板印象的養成，其實大多兩性問題都源自性別特質的差異，想用「個性不合」概括搖搖欲墜的你們，不妨去查查數據，你會發現不對盤的不只是眼前的他，你槓上的可能是整個異性（笑）。

就算性格極似，也會因生長經驗的不同，對應做法不同，未來裡有無數細節需要協商，針對分歧意見，討論「誰更適合先退一步？」，退一步並不是無謂的犧牲，而是綜合實務，就事論事，為維持整體品質，以成本較低的方案為優先考量，誰都有後退的一小步，才能換來兩人一同往前的一大步。

當你們要的是一樣的未來，往往能投其所好，可以為你做的事我以勤補拙，基本上會吵的事也不多了，比起常撩到你心花怒放的韓劇歐巴，還是專屬為你服務的伴侶好好，即使壁咚時笨手笨腳的他老是撞到（笑）。

把你的在乎裝進禮物盒裏，撼動他的心

送禮可不是有錢萬事足，真想要他開心，必須費思量猜心，禮物讓人愛不釋手，因為裏頭裝的是心意，是你對我的一顆心。拆禮物像是答案揭曉，期待，又怕不如期待受傷害，嗯？砸錢全買下全送，對方一定中？是我就不，土豪手法使我心疼，心疼其餘的錢都被浪費掉了，嫌囉嗦麻煩，乾脆送鈔票？你可以試試在羅曼蒂克的情人節裡拿出紅包袋，現場會立刻喜氣洋洋，忍不住祝你闔家安康（笑），現代老娘已有賺錢購物的實力，可以自己買包自己治病，只有在一段關係裡怎麼都要不到愛了，不甘心的對方只好開始要你的錢。

禮物，象徵的是心中的惦記，接受禮物（Receiving gifts），想要得到的是伴侶的在乎。

禮物該送什麼好？說難不難，沒有「想要」就往「需要」的方向找，考驗你的熟識度，可以先仔細思索，近期內他有沒有許過任何願望？越隨口不經意，幫忙完成的意義就更不一般，對於務實的個性，減去清單上一項欲望是最貼心的禮物，是大家挑選禮物常見的做法，若是偏好驚喜，感受則會少了一味兒，到不了滿，難掩失望的伴侶可能會抱怨「都說出口了，根本不關心我。」，對話的下一句，「送你禮物你還嫌，以後不送了。」經典吵架台詞登場，平時任性情結如不嚴重，還請稍稍體諒，每個人感受被愛的方式不一樣，對我們而言，驚喜本身就是一份禮物啊！

沒錯，解釋多達一段就是在替自己辯白（笑），我本人不止喜歡驚喜，兼熱衷推理劇情，以為已經到達不知道什麼叫不可思議的年紀，沒想到略高一籌的他突破難關，送禮送進我心坎裡。

每年生日都是我倆的旅行日，捨不得睡覺的我們都在一大早出發，他精神奕奕開著車，配合風和日麗播放輕快的旋律，還在副駕駛慵懶的我，優雅趕著瞌睡蟲快走開，迷糊中，感覺到些許奇怪？定神一聽，才發現歌曲被移花接木，中間插了預錄好的感性告白！

他先是表達對我的感謝，再道聲祝福，熟悉的嗓音一飄出，感動和驚喜同時推向最高潮！由於事發突然，仍在驚嚇中的我被趁虛而入，不禁鼻子一酸，逼出難得出場的眼淚，完全說不出話，輕而易舉攻陷我的心防，轉頭見他賊笑，似乎對我的熱淚盈眶相當滿意，才娓娓講解他精心布下的這一局。這首歌本就是以生日為主題，可惜我不夠機靈沒先聽出玄機，他甚至數好時間，等上了高速公路，確保醞釀的情緒不會被打斷才播放，算盡心機，一場別出心裁的策劃免費，卻是我至今難以忘懷的一份禮物。

愛還在，禮輕也能情意濃，一點都不必隆重。

擁有的，他願意與我分享，公司獎勵的高級點心都完整拎回家，與甜點控的我一人一口；沒有的，他會主動幫我得到，為了讓我嚐嚐他剛吃下肚的美味，即使靦腆也向出差同事再要一份伴手禮；想要給我的，他能排除困難，孩子王的他曾和幼稚園的姪女搶起玩具，堅持要親手織完一條送我的圍巾；最重要的不是他自己，每回出國回來，行李箱滿滿都是我的禮物，他一句「我沒有什麼要買，沒關係。」。

在你羨慕別人的伴侶都不會讓人失望時，檢查你們之間是否有來有往，禮尚往來，我們聽的第一場演唱會，只是他看了電視廣告說有興趣，我就買了票；我們烘焙的第一顆蛋糕，只是他想學來教小朋友玩，我便報了名；生日前他忽然想要一把烏克麗麗，我實現了當他那年的禮物，好久以後他才吐出秘密，原來當時是想寫一首歌給我。

不從接受禮物的角度出發，則是另一種，注入更多送禮人主意的禮物。如果你收到一組洗髮精加潤髮乳，上頭標榜「強效修復」搶眼又醒目，你會懷疑是自己太敏感嗎？當時我傻在那兒，不確定這份禮是否別有用心，他倒是開朗，直接挑明「你的頭髮扎了會痛。」，（笑）好的沒問題，保護你的重責大任我接下，他明白禮物不是綁架的工具，總是拿捏得輕巧，在毫無強迫下替我鋪好路，搶先做完每件事前準備，為了協助還沒滑過雪的我能學會，趁著出國，積極連線購齊裝備，我「不識貨」，只憑美感挑選，發現相中的雪衣要價破萬後，他只回覆「你值得」便帥氣買單。

健身也是他的興趣之一，為刺激我開竅，沒少送我運動機能衣、激勵教學書籍……盼我從中找著樂趣，養成習慣，具體的禮物可以用來循循善誘，效果順利發揮了，能打敗指使西東的一張嘴，可若後續不如預期，一線之隔走偏，心意扭曲成惡意，「送你這麼貴的滑雪裝備還學不會？」、「送你這麼多運動用品還是一坨爛泥！」，抓好理性的尾巴，送禮從來都只是姜太公釣魚的遊戲。

伴侶為之動容的原因，是那恆久存在的「意義」。

想要達陣不費氣力，得依了他真正的需求，觸碰不到心底，是因為對他的了解不夠，非禮物的價格不夠（笑）。我的收納盒內僅有一條手鍊，是他送我的第一個生日禮物，我問他為什麼？他說：「就是覺得，你身上應該要有件能襯托你的飾品。」，因為是第一次一起過生日，因為自己捨不得買昂貴的首飾，因為我的手腕剛好空著……因為這些理由，這些意義，這條手鍊獨擁我的珍惜到現在，仍換不了新（笑）。送禮學問深幾許？把你的在乎裝進禮物盒裏，撼動他的心，即使最後笑意滿點，也是你們故事中的一筆深刻。

都揉入你的擁抱，噓！只要感受千言萬語

低頭不語，面無表情是你現在僅能做到的事，緊咬著牙，彷彿外頭再多丟一些，你震盪不已的世界將全面崩塌，你以為偽裝得很好，看起來就像已經沒事一般，看穿你的他卻伸過手來，第一次你下意識閃躲，他懂你的倔強，閉上嘴，騰出胸膛前的空位預備。突如其來的擁抱，溫暖了忍受太久的孤寂，大於你的體溫包裹住整個你，鬆開拳頭，繃緊的臉開始起皺，使力的眼角擠出淚水，你把頭埋得更深，決定放聲哭泣。

你拔掉了堅強，解放自我，在繼續為你抵擋的懷裡，你可以無助，可以依賴，不需要說出任何字句，都揉入你的擁抱裡，噓！只要感受千言萬語，用身體讀盡，讓接觸收下治癒。

經營幸福感的相處，少不了親密關係的建立。

情緒激昂的人們會屏蔽掉人話，糊成一塊聽不進耳裡，褪去一身文明，恢復萬物原始的溝通方式——身體的接觸（Physical touch），越是基礎越容易不被重視，走在一起大手拉著小手、憋不住開心來個零距離的擁抱、暫別前送上親暱的吻……平凡中蘊含著最純粹的力量，肯定的言詞、服務的行動、接受禮物，都有難度、都要學習技巧，不妨從最基層的愛情開始做起，只要動動你的手和動動你的腳，感受親密關係正在滋長。

頻繁的肢體觸碰，常被誤以為就是甜膩，刻意略過體內表達出的真實情感，那一夜，身體上的接觸卻雪中送炭，守護了沒開口呼救的我。白天裡的牽腸掛肚，總是會追到夜深人靜接著糾纏，那晚煩悶的我依然輾轉難眠，就在第 101 次翻來覆去，忽然間，大手尋都不尋，快狠準，一把擒住我的右手，抓進他的左掌心，以我對他睡眠的了解，當下應是在熟睡，只是本能反應，就想幹掉前方滾來滾去的障礙物（笑），我再也不敢亂動，連呼吸都小心翼翼，深怕真把他吵醒，靜止在一片漆黑，我開始感覺到一股溫熱流向我，緩慢地，穿透我的肌膚，最後，送進我的心臟，一波波暖意一路踏碎我的不安，安全感留在身旁陪伴，身心終於停下警戒，我很快就沒了意識，一覺到天明。

需要身體接觸的能量時，你能不能勇敢突破內心的糾葛？

你羨慕此刻掛在伴侶身上的孩子們，你也想要單純地親近，和他纏成一團，卻又做不到如毛孩子般的坦率，要你舉起牠就抬起手戳戳你，當雙方負面情緒在吵架，妥善運用肢體也是和解的一途，身體說不了謊，彼此有愛，在碰觸的瞬間會替你的真心傳遞實話，時時透過伴侶專用的撫摸，相互「取暖」，靠緊兩顆心，活絡停滯步調的感情，老老實實傾訴，發展會出乎你們「理性」的意料，逆風向也能被誠實翻盤。

能說你好，就能說再見，放縱厭惡淹沒了愛意，「不要碰我！」搖晃你一根寒毛都想怒吼，你可能沒想過，其實，他和你的對白是同樣一句，因為相處成任何形狀皆是由共同塑造，你們都終止曾給了對方的允許，沒發現事實前，你們任由冷漠折磨，長久以來惡性循環又循環，在確認伴侶也拒絕著你的身體，從此無法再視而不見。

你和他，歷歷在目的過去尚留餘溫，包括不久前又惡狠狠互道永別一次，直到他決心要留下你了，以為離別場面後仍有轉圜的你，驚慌失措，向前一步抱住，兩人卻同時錯愕，什麼是殘忍？情已逝的擁抱竟沒有了知覺，是一鍵刪除的無語，你用力圈緊，即將離去的他心不在原地，就像整個人根本不在場，只是涼透的身軀，你面對不了，不斷深呼吸打氣，到此為止的感受沒有一門科學有辦法揣測，永遠都是在失去的第一秒起，才能頓悟撕心裂肺的痛楚，在他轉身的前一秒，你還是會嘴硬，鐵齒地要他消失，辨別還有沒有，僅需那一秒，銘記在心吧，痛過一次就夠傷了。

因為私密，你需要自己精準描述出感覺，讓他知道。

躺著面對面，用指尖劃過你的眉，你的頰，在你的下巴收尾，用觸感記憶你的輪廓，見你翹著腿，小腳迅速蓋上你的大腳，腳底板也要貼近你，順著你的背，輕輕拍著安撫，希望不舒服的你能夠快快好一些，實在無聊，扮起不安好心的大爺調戲你，不管誰會看到，心跳、溫馨、辛辣、排斥……身體接觸的感受向來單刀直入，拉近對你的信任，也能在一瞬間全都毀滅，直接教你的伴侶吧，你喜歡與不喜歡的每種動作，搔你的胳肢窩，你會癢會發笑，但你並不喜歡那樣子的難受，用手指夾你的鼻子旁人看著會痛，但其實你很喜歡這樣子的寵溺方式。

一一細微體會，噓！享受盡在不言中。伴侶摸摸你的頭，表示對你的疼愛，別再陷入自我否定了；伴侶牽起你的手，表示願意讓你依靠，你可以不要害怕了；伴侶擁抱著你，表示用自己保護著你，你暫時不必勇敢了；伴侶親吻你，表示真的喜歡你，你流浪的感情能安頓下了；伴侶往你大腿掐，表示你完了，等等請給他滿意的解釋（笑）。

全心全意的時刻，刻出你們的永恆

深層的陪伴，時間只是容器，將精緻的全心全意擺上盤，始能刻出你們的永恆。當各有特色的你和他，傾注身心協力完成，二人之間的互動，能激發出事件之外更繽紛的樂趣，一加一創造的感動、興奮、滿足才不顯得單薄。

精心的時刻（Quality time），是兩顆心浸在你中有我、我中有你的靈魂交流。

第一次的笨拙，總是能爆出最多的出乎意料，於是著迷蒐集各種體驗情趣的我，總趁著過節絞盡腦汁，安排一串串實現精心時刻的機會，包辦旅程並不是苦差事，有掌控權的你能替自己填上期待，日日辛勤工作的動力，就是盼著列在行事曆的未來，跑規劃行程則像包裹開箱，手拉手前去探險未知，不論等待你們的是驚還是喜，都是革命情感的征服。我們曾一起在星空下騎馬，在砂丘中玩平衡車，在美麗的海洋上空溜高空滑索……全都收入歷久彌堅的回憶盒裡，集結成千上萬張的照片後，挑出想隨時溫習的精彩故事，放進你們的日常，分享共同人生的新鮮刺激，凝聚為彼此燦爛的笑容。

迷戀幸福感並沒有錯，但在昏頭的戀愛時期容易力道過猛，甜蜜衝成黏膩，設定「成雙成對」為行動宗旨，事事緊扣且情節嚴重，缺乏獨立性會變質成一條黏人蟲，單方面把製造快樂的責任扔給伴侶，再把獨處時高興不起來的症狀怪罪於他，一邊抓他的手往你胸口搥，一邊敲鑼打鼓喊他是凶手，始終不肯想起自己有開心的能力，甘願當附屬品？沒有自身價值？一味索取、無法分憂，生活擔子重，沒人想被另一個人扯後腿，經驗值還不足以走出來，看清愛情的全貌，急煞後座才會往前傾（笑），頓號產生的若即、若離才能勾起獵捕的天性。

關係走到不同階段，精心的時刻得拿捏不同的份量，前期欲罷不能的貪婪，後期只剩下懶，別讓結婚成為你們的高光時刻，老夫老妻了反而陌生，一點都不奇怪，以為已經熟透，卻忽略人事物皆在改變，經營相處事在人為，感情具流動性，因愛結連理仍是不進則退，夫妻間常不自覺倒進越濃的親情，最後壓倒愛情，而你依然是伴侶的先生或太太，先生或太太的存在感卻不復見。還記得他嗎？不是誰的媽、誰的兒子，是指摘掉標籤的「他」，世界傾斜了便爬不回自己的位置，角色上場的戲份太少，忽視「伴侶」的必要性，對應隨之失衡，不想再灌白開水那就約會吧！買件新衣化上妝，複習當年的心跳，與情牽多年的伴侶重溫久違的曖昧。

真摯的告白只會出現在精心的時刻喔！（笑）

大費周章就留給特別的日子，不堪負荷的週間管理時間，順水推舟。欲溝通正經事，挑睡飽的假日早晨，泡杯咖啡醒腦，伸伸懶腰神清氣爽，心情愉悅，不急著出門的輕鬆很適合協商；倒數結束今日，體力透支，在就寢前聊聊一天的沉澱，呢喃細語，和緩的氛圍不需刻意營造；不用加班的平日晚上較彈性，合力處理待辦事項，沒事在家也值得花點心思，看電視可以討論內容，滑手機可以談論時事，在你們的空間裡，用真實的自我自在說話。刻出我們永恆的一次交談，沒發生在哪間高貴的餐廳，只是在自家客廳舉杯之後，我和他全心全意的時刻。

熱愛大自然的我們爬過一次玉山，挑戰的不是海拔 3952 公尺，是我倆程度都不輕微的懼高，過敏體質的我也沒吃預防高山症的藥，上山時，果然呼吸越發不順，只好按自己節奏踏步前進，他則緊跟我身後照顧，最後一小段攻頂在凌晨出發，天未亮得摸黑起程，觀察我一整個白天的領隊大哥，極力勸阻明顯比別人恐高的我，雖不甘心，但出門在外總要安全第一，只能作罷，他也忍痛放棄機會，陪我共進退。半年後，沙發上小酌的他湧上心頭，說出抉擇的真相，當下的他只猶豫著一件事，「要是我一個人上去發生意外，剩她孤單在世上該怎麼辦？」，那是我第一次在他眼眶裡看見打轉的淚水，僅三秒的哽咽，我的鼻子又發酸。

永恆的瞬間一個接一個，搭起綿延的永恆，紀念日、兩人生日、兩個情人節、聖誕節、跨年，用浪漫的節日點綴，紓壓的連續假期，農曆年、和平紀念、清明、端午、中秋、雙十，再加上雙方親友的生日，一整年都能是精心的時刻（笑），別心累，有效參與是大原則，撥出你的注意力，不浪費相聚的時光，正副駕駛就坐，商量下一站到哪個海角也是種含蓄的激情，將曾經交付給彼此的時刻，全都附上真心。

難能可貴的不是數不完的美好，而是面對一次比一次難承受的生命，我們都沒有將對方卸下，風霜雨雪，你為我擋，我為你掃，化甜蜜為親密，只有牽絆淡去，才會在熙來攘往中感到落寞，內心收進滿滿精心的時刻，身處千里之外也不孤寂。

PART 3

我喜歡贏過我自己

I 活著需要成就感：從興趣欄位只能空白，如今驕傲自信的填上

II 出走舒適圈是場人性考驗，不服氣你就別放棄

III 浴火重生？繼續拿你的挫敗當燃料

IV 擊碎了，那就趁重生長更大吧

活著需要成就感：從興趣欄位只能空白，如今驕傲自信的填上

履歷表哪一格最難填？興趣欄位吧！因為糾結著上不了廳堂的心虛感，遲遲下不了筆，以前我和多數人一樣，聊聊興趣吧？就～吃喝玩樂，一樣有等於沒有，越來越懂過日子後，嫌自己索然無味，受不了無趣的人生，拍案確定沒興趣也是「做人」的一種煩惱。

> **工作上很難事事如意，但興趣就如那欄的空白一樣，想要什麼你可以自己填上。**

追求完美不是不好，但什麼是完美？該由你自己定義，年輕時我不時會陷入自己什麼都不會的慌張，沒有興趣一度讓我

產生自卑感，「普通？」還是「出色？」游移在自我認同的邊界，自信不是純粹加分用，你需要「成就感」來為自己解答活著的意義。

其實我對世界處處充滿好奇，熱愛嘗鮮，只不過總像隻蜻蜓，興高采烈的飛來，點點水就飛去。從前的我興趣欄位只能空白，直到遇見他，我才驚豔，原來著迷在巨大熱情裡的人類，竟會不自覺外洩耀眼的光芒，我從沒經歷過，認不出那就是成就感在發亮。

我有些羨慕，也有些崇拜，但最多的情緒是「我也想要變成這樣」。

我們認識在日本雪季剛結束的四月，等一起過的冬季即將來臨，他毫不猶豫揪我來去滑雪，這輩子第一次聽到這種請求，我跟多數沒想過自己滑雪模樣的台灣人反應一致「啊？滑雪不是很危險嗎？」，畢竟台灣沒有雪場，連摸過雪的人都少，我跟你對於滑雪的共同經驗，可能就只是電視轉台時瞥見國際賽事的畫面，滑雪？離我們太遙遠啊！

我可不想站到山頂上才赤裸的揭曉，我究竟行不行？面對毫不猶豫的邀請，自認活力滿點的我，也毫不猶豫答應先到室內練習場試試，滑雪有兩種，單板（Snowboard）及雙板（Ski），顧名思義，兩隻腳綁在同一塊板子的是單板，雙板則是一隻腳一塊板子，手裡再拿著雪杖，我隨他練單板，期許自己有天也能在雪地圖個帥（笑）。

室內場地不夠廣，站在高處準備往下滑的新生，每一位都像具殺傷力的無敵風火輪，滾到之處難免屍橫遍野，強烈建議方向控制半點不由人的新手，你的護具必須全副武裝安全為上，珍惜自己與他人生命（笑）。

一對一愛的特訓後，我已能用奇怪的姿勢龜速滑行，兩個小時基本動作就上手，旗開得勝，膨脹的我倆開心判定我是個練武奇才，只等打通任督二脈。那年跨年我帶著大無畏的氣勢，滿心愉悅一同前往日本滑雪勝地，北海道二世谷（Niseko），熱情演出我一生一次的滑雪首秀。

「報告！滑雪新生報到！」，相信讀到這裡的你（握手致謝），應該對我已有初步的認識，我不是好高騖遠的孩子，只是肯認真勤奮的乖學生，初來乍到，就算膽子被傲氣灌滿，也選擇先打好基礎後續再談，因為我深知貿然躁進只會增加被抬出去的機率，於是第一台纜車還沒下就先聲奪人「我今天只要在這條綠線練習！」。

大部分雪場其實就是下滿雪的一座山，搭纜車上山，再從雪道滑下來，日本依難易度分成高級的黑線、中級的紅線、和初級的綠線三種，攤開滑雪地圖，密密麻麻的三色線交織成整座山，路況不熟要先規劃好連接路線再出發，就是這樣簡單。

在初級雪道埋頭苦幹一個上午，他來領回我吃頓中餐，見我移動都不成問題，建議可以試試往上挑戰，紅線和黑線通常會在比較陡峭的山上，因為高，視野更是美不勝收，我想他是迫不及待要把如詩如畫的雪景獻上。風雪其實不算小的此時此刻，已阻擋不了我追尋新鮮刺激的渴望，尤其在紅線初體驗順利完成之後，練武奇才的匾額穩穩的高掛在那，直到我坐上通往黑線的纜車，貪心的想三個成就一次滿足……

現在請你抬起頭，想像新手的你正處在山的制高點，腳下與天際相連的整片雪地不是鬆軟摔不痛的粉雪，是身軀微微一動就會打滑的冰面，而你往前一步的前方，只有趨近垂直 90 度的斜坡面。如果站在那兒的是別人，我可能會壞心腸的大嘆好精采。冰面的「好處」是多使點力便能一路下墜，直達你現在只想到的山腳下，但不確定將會變成什麼形狀，我試著站起來挪動，卻努力多次都還是跌坐在地，動彈不得的恐懼佔據我所有意識，急得視線掃射一圈，唯一能搜尋到的生物，只有遠到身影只剩米粒大小的他，得救的最後一絲希望瞬間破滅，腦袋被一望無際的白茫茫同化成完全空白。

生平第一次滑雪的第一天，本人就得面對極盡苛刻的人生困境，經驗值才剛起跳的我，無能靠滑雪知識來想出解決辦法，趁理智全攜手跳海，愚婦人格現身「難道要等到春天來了雪融化了？還是將一坐不起化身守護雪友的精靈？」，宇宙浩瀚，我卻只能仰望著天空，任由冷冷的冰雪在臉上胡亂的拍，我好無助。“Anything that can go wrong will go wrong.”還是發生了我不想發生的結果——站到山頂上才赤裸的揭曉，我不行。

> **原來絕望不一定是一片黑暗，整片亮到刺眼的白也可以是寫實的絕望。**

有如一個世紀之久的僵局過了幾分鐘後，天使降臨了，伴隨著令人愉悅的銀鈴聲響，為我此刻的命運誕下不必沾血的和平，巡邏人員在雪場關閉前都要忙著到處清場，坐在那孤伶伶的我恰好符合「待清除」的標準，一位日本高手滑到我的身旁將我扶起，比手畫腳要我勇敢滑下去，可問題不在於靜茹姐沒給我勇氣呀！我只好不要命的為他示範兩次跌跤，用身體語言溝通是能力不足使然，最後他看懂了我的為難，向對講機說幾句我聽不懂的日文，很快的，一台支援救難的雪上摩托車強勢登場！不經一事不長一智，沒料到的文明措施讓我又多了見識，驚、喜、激動，還委屈的想掉眼淚，我陷入極度複雜的情緒，守在遠處的他不知何時已先滑下山，記錄我安全回到平地的一幕，再次為救命之恩致上我最高的謝意和敬意（鞠躬）。後面的進度整段垮掉，一心只想摘下練武奇才的匾額，劈了當柴燒。

成就感未滿，仍須贏過我自己。

豪華陣容的開幕秀熱鬧滾滾，極具毀滅性的起手式，反而挑起好勝心聲聲呼喚，活著？你成就故你在，容易被厭世感纏身，是因為成就那欄空白著。滑雪在前輩嘴裡說得輕巧，使我忽略它的別名叫「極限運動」，萬萬沒想到要寫出滑雪兩字，要再再挑戰的不是運動能力，而是心魔，四趟以成長之名的真人故事，不需改編就夠曲折離奇，驚心動魄。

這不是一篇篇滑雪專業資訊，雪場中仍受人照顧的我，無能教會你什麼，就是試著勾勒滑雪究竟是怎麼回事，為什麼說學習滑雪有如探究人生哲學？如果你不過分懼怕冒險，希望你在看完我的戰鬥歷險，也能摩拳擦掌對「極限運動── 滑雪」躍躍欲試，一起和如今的我，驕傲自信的填上，滑雪真的不如腦補那樣危險啦～（笑）

出走舒適圈
是場人性考驗，
不服氣
你就別放棄

「沒想到你比我更離不開舒適圈。」他對我的心理測驗下評語。

「噢？我是嗎？」結果竟和我對自己的認知不一致。

我不會貿然設下目標，因為我不太跟自己開玩笑，好勝心一旦發作，即使背景一無所有，也會拚了命把手中爛牌打出滿意的水準，然後，舒舒服服的待著享受……好吧！我打包出走的次數可能不算多，圈子還夠大。

你手中握著的，都只給得出安全感，而非活著需要的成就感。

我的舒適圈，是用上我的全部所開闢出來的，沒道理要為一個新目標放棄所有過往，但你看上的新理想新成就，一定都會在舒適圈之外，於是你要展現的姿態，是把舒適圈當救生圈，一手靈活運用你擁有的根基，另一手接受人性考驗步出舒適圈，每個人的考題將不會一樣。

二度來到日本滑雪，不過是兩個月後的事，覺得我好勇敢嗎？因為機票老早就買了啊（笑）～

第二次開滑的雪場是以樹冰著名的藏王，目標鎖定學會 S turn，就是要在雪地上滑出 S 字來，從原本的正面先一個弧度轉去背面，再從背面彎回來，連續動作完成曲線，難度在於，正面翻到背面的過程必定要用到側身前進，在板子完全打直下摩擦力最小，速度會瞬間飛快，緊接著又要在中段打橫，背面向前，因回頭看的視角有限，缺乏安全感下恐懼伺機大舉入侵。

看過師傅甩麵團嗎？練習滑雪技巧，就像把自己當麵團般一次次拋出去，即使悲觀的預測這一遍依舊會跌倒，也只能拿出越挫越勇的精神，無視無限大的懼怕，不服氣？那你就別放棄，否則你將止步於失敗，永遠學不會，堅定意志，你必須給出實現成功的機會，你就是得再試一次。

吃苦是在盡成功的義務，越大的成就則越苦。

替黑青數數是我每晚的娛樂，雖不至於面目全非，也差不多是粉身碎骨，其實肉軀上的傷並不打緊，反正十天半個月就可以恢復，真正要命的是情緒堵塞不通，待在日本的時間不停倒數，四天、三天、兩天……焦慮浮出檯面，悄悄附著在每一口深呼吸。

「我都這麼努力了，為什麼就是練不成？」我無聲指責自己，讓內疚封住了我的喉嚨。到了最後一天，團中練習同樣技巧的男生，經過高手指點後滑出他的第一個 S turn，他成功了，他達成我想要的成功了。

在行程結束的前一刻上演皇天不負苦心人，在沒有時間的最後，送他自己一個終於，也給我一記沉重的無影腳，用力催眠自己不能怕痛、我願意痛，這趟練功之旅還是無情的來到尾聲，只能到這了，我捏著鼻子硬吞下敗仗，黯然收場。我不服氣，明明我也沒有放棄。

我不是輸給他，我只是沒有贏過我自己。

有實力的人只和自己比。他的成功只是在對我說「你看，其實沒那麼難唷」，就是曉得並不是天大的困難，不認為我永遠做不到，但鐵錚錚的事實就是不如我願，抓不出哪個環節出差錯，於是無法改進，挫折溢滿直接炸裂開來，心情悶出個死結。

假期結束，回到工作崗位的我惦記卻不自覺，鬱鬱寡歡，銀行在連假後都會塞滿人潮，忙碌的嗡嗡轉，一個稍能喘息的午後，我望著外頭，發呆出神，「啊哈！原來如此！」然後茅塞頓開。

我常認為大家都做得到的事，我也能辦到，若這方面沒有天賦，還有勤能補拙，每一次練習轉身跌倒，自我否定便排山倒海湧進，短短幾天湧進無數次失敗把我擊碎，直到「一如往常」上班，順順利利達成業績，輕輕鬆鬆擺平客戶問題，有突發狀況，動動腦加動動手就迎刃而解，一切都不費吹灰之力。

隨著一件件工作，籠罩心情的厚重霧霾逐漸消散，成就感才跳出來當頭棒喝，「滑雪對你而言，是完全陌生的環境，需要完全陌生的技能，在你的舒適圈外，本來就是從零開始，出走的每步都在在考驗你的人性，無止境的失敗讓你看不見終點，越發覺得遙遠，苦無成就證明能力的你，把自己縮得太過渺小，擋在你面前的挑戰才會相對被放得過大。」。

回到職場上的我，如同一條被放回水裡的魚，能力復活，成就感激增，才想起自己根本不差，我在我的場子可以掌控要做的每件事，而且都能做得很好，本人向來就不是廢咖風格啊！

自信心歸位，清晰思慮，終於能往下檢討失敗的原因，先排除硬體的影響，過滿的負面情緒使我到後來已喪失正常思考模式，一心以為犧牲皮肉痛就是在付出代價，付出代價了就能成功，可練滑雪不是在練鐵頭功，不是頭多撞幾次就是在走進度，錯誤的迷思只能在事後驗證，好在下一個雪季就有更深入的解答。

其實你不偷懶，充分做好了面對打擊的準備，只是眼前盡是未知，難免會有無法預料到的障礙，於是你被卡住，輕易亂了陣腳，盲目的自願跳下泥沼，最後全盤皆輸，別忘了，出走舒適圈是場人性考驗。

離開舒適圈確實難受，看看我一身血淋淋，但舉起全新項目的挑戰，其實是一件令人精神抖擻的事情，那表示有值得期待的可能性正在未來等著你。

舒適圈可以擴大，也會萎縮，長期感受到絕望，其實你已被迫站在圈外，你以為的舒適圈已經不是你的舒適圈。

當生活中方方面面全不順心，連便祕都跑來湊熱鬧（笑），那就找出一件有把握的事來通過人性考驗，沒有任何想法的話，建議你開始每天跑步，專注做好這一件事就好，反正其餘的你暫時也沒心力管，隨著事情漸漸攢出成效，也會找回躲起來的自信心，能用新的成就感慢慢調適，整裝自己，重新建立你的舒適圈、你的救生圈，把撒手的事一個一個收拾回來，朝自己全面反攻，不服氣你就別放棄。

浴火重生？繼續拿你的挫敗當燃料

人性考驗通不過，往往放棄在最煎熬的辛苦練習。想要將「興趣」驕傲自信的填上，甚者，連專長欄位一併攻下，那道在會與不會之間的檻，跨過，你才能體會到百分之百的境界，只有在能獨立運作，甚至學而優則教，正式收穫這項能力了，才能沉浸在興趣帶給你的開心、滿足、榮譽、成就感取之不盡。

學習一項新事物，總是在新鮮感正濃時興奮地出走舒適圈。

一個初學者的告白「滑雪到底在滑什麼？」，僅有兩次實地經驗的我，對滑雪的定義？「以移動為開始，迅雷不及掩耳之勢，跌倒結束。」似懂非懂，曾誤會自己不如前輩瘋狂熱愛，聊到腳底就發癢，滑雪是有趣啊！但沒帶上我也不至於要撒潑哭鬧，幾個雪季過去，直到我經歷「滑起雪來」的那一刻，才明白我終於「學會」，總算參透，原來滑雪滑的是——爽度。

一年後，我的第二個雪季，第三趟滑雪，回到最初的起點，日本二世谷，一踏上山頂，前兩趟屢屢重創我的恥辱立即鮮明，提醒著我廢過，此趟無論多少畏懼，我都要全部封印，拔出最大決心，超越害怕受傷的不安，不管程度就讓疼痛麻痺，再度站在雪道上，迷濛地望向前方，天使的我與惡魔的我在心臟中央激烈交戰，做了三次深呼吸與自己對話後，出發。

仍要盡力抵擋本能的百般抗拒，脈搏跳動的力道洩漏出了緊張，我狠下心，不顧一切親手將自己推了出去，側轉、背對，緊接著，回正，我竟然成功了。我成功滑出個 S 了！

實在過於不可置信，內心大地震，喜悅還來不及，第一時間先低調質疑「剛剛發生什麼事？是真的？只是這樣？我真的可以？」，都做好即將東倒西歪的準備了，怎如此輕易放過我？一次也許是偶然，我頂著滿頭問號，再試了第二次「真……真的會了？」。

上個雪季堪稱是地獄試煉的 S turn，在捲土重來的開始「莫名其妙」便成功，在確認不是巧合後，我冷靜比對前後次差異：

心理情緒會影響生理表現，上回我被巨大負面摁在地上摩擦，這回腦袋清醒，有效指揮肢體動作；工欲善其事，必先利其器，終於與對的雪板連結，性能合拍，使起來得心應腳（笑）；狂摔不只貢獻一身傷，當初一分一毫添加的熟悉度，慈悲地留下長達一年的肌肉記憶。

> **付出過的心血，暫時看不見顯著的結果也不必沮喪，凡走過必留下痕跡，終會以各種形式回饋於你。**

浴火重生？以為我成就解鎖，練功行程全拋諸腦後，沒效率的跟著團體行動，前輩逛著山好不愜意，對比後頭苦苦追趕的我，顯盡狼狽，不時會在路邊驚見三尊雪人，原來是紛飛大雪覆蓋了在那久候的他們，三腳貓功夫果然三兩下就現出原形，強烈的失落感，悲憤地往身上貼滿標籤，# 包袱。

吃力讓我了解實力差距，心累的我決定暫停一輪，調息，才剛喬好舒服的姿勢，咻、咻、咻，三人又出現在我面前，我錯愕，慌亂的確認遠方立鐘，花不到 10 分鐘，同一條路我剛剛用去近 30 分鐘，震撼真相一槍殲滅殘餘的膨脹，懷著愧疚，感激前輩的配合與照顧，隔天起恢復一個人的修練，期許自己早日擺脫拖油瓶的角色。

次次越級打怪雖然都是垮臺的下場，但前輩徜徉在雪地中的帥氣身影，卻刻畫出我的奮發向上，實力練到哪兒了？也不失為測試程度的一種方式，懂得倒車就不用怕進度瘋狂超車。

那些經年累月，不足者遲早要還。

說誰是塊料，也只是塊有潛力的「原料」，成為「前輩」之路，新手該走的，或許能輕鬆點、少一點，但終須踏實的走過至少一遍，不會因為天賦異稟，隨手試試就乍現奇蹟把金牌抱走。滑出 S，我首次嗅到滑雪的快感，鑽進更深層的樂趣，轉過身的每個當下都為自己點讚，直到感覺良好的我點開側錄影片……嘔……不是想像中英姿颯爽的樣子就算了，我簡直要舉牌給出一顆星了。

畫面中的自己 S 不 S，比較像打不出醉拳的醉漢，舉手投足都讓我想殺進螢幕指正當時的自己，皮毛程度不堪入目，不及格的突破，最多只能算是偽突破。我在很久的以後，才在一次完美轉身中恍然大悟，原來背對姿勢能看清楚前方路線啊！意思是，我之前會過分害怕，是因為背對的我就像矇著眼在表演特技。

挫敗能使你發現問題，燃燒各種挫敗能增進更多樣的能力，繼續拿你的挫敗當燃料，強大實力，才能煉出足夠的火候進行重生，被擊碎了，那就趁機長大，再長大，長更大。

事出必有因，找出來解決就是了，穩紮穩打你的基本功，每個動作確實做、做確實，整體自然能改善並且提升，尚未展開第三個雪季的現在，一心以為自己需要的只是修整，刁刁細節，壓根兒沒想過一年後我要面臨的處境竟是

「全部砍掉重練。」

擊碎了，那就趁重生長更大吧

飄搖降落的雪，積成一片白皚皚，從你的腳底延伸向遠方巍巍山巒，大地一氣呵成的同色調美學，毫無破綻，美哭讀不盡的瞳孔，你詠歎，你恨晚，終與貨真價實的雪景相見。

踏進白馬雪場的首日雪況良好，暗自竊喜天助我也，可以放膽練習了，自我診斷只欠經驗值的我，汲汲於速成，到處轉了又轉再一轉，無一放過，一晃眼近正午，大夥兒決定放飯先，休息區離我就差一段紅線斜面，認真如我，上半場最後的練習機會，肯定要把握。在平坦的綠線暖好身，準備進入陡坡段，正當試圖切入，隱隱約約察覺到大事不妙了。

溫馨回顧，生平第一趟滑雪，我卡在冰面的山頂動用救難隊營救，第二趟因恐懼暴衝及背對前進，導致學不成S形轉彎鎩羽而歸，本人不屈不撓的第四趟滑雪修練，一次狙擊三大弱點，心驚膽喪再掀高潮！果不其然，一瞬間板子就地打滑，整個人失控衝了出去，花容失色的我沒空喊出聲，只來得及在心頭暗譙一句，即以「背向前方」的跪姿「急速」俯衝，是的，我又被滑溜溜的「冰面」暗算了。

瘋狂墜落、再墜落的途中，一開始，我企圖用指尖刮地增加摩擦力，掌蹼狀的連指手套卻笑我痴人，我停下揮舞也停止掙扎，讓空氣中剩下絕望，我緊閉雙眼，混沌的腦袋拒絕思考會怎麼結束，落在遠的要命的山底？溫柔道聲再見的懸崖？還是殃及無辜，連環撞出個人牆？

速度終於緩和下來，打住，我平安了。

使力想要站起身卻癱軟在地，只夠將自己翻回正面，安好的躺平，餘悸猶存生出萬分感慨，「就在剛才，我的人生壯烈地翻新了一頁啊！」，而雪的世界不為我劇烈的震盪盪起一縷波瀾，我個人以外的，一切寧靜且安詳，終於有空張口，我模糊的呢喃「人生，究竟是個什麼樣……」。

恢復力氣後我望向休息區，一段近在咫尺，卻不小心成了史上最遙遠的距離，他就站在門口拿著手機對著我拍，閃過一抹羞恥，我走靠近，沒等我撒嬌討拍，他先不懷好意笑說「你怎麼用膝蓋滑下來了？」，我強烈質疑，用生命演出的我博得了他的拍手喝采。

照慣例，每趟滑雪行總是在頭或尾出大事，這趟夠悍，全包了。

第一天就嚇失魂的我繼續尋找刺激，體驗了必須上安全講習始能進入的樹林區，大肆冒險，為了跟上大家也豪邁摔飛自己，甩掉了毛帽，頭重撞上地面，好在沒作嘔、沒暈眩、沒把腦袋撞壞掉，最後暖心獲贈專用安全帽一頂。

玩耍夠了，團體出動固定被落在最後一席的我，撿回自知之明，再度披上戰袍一個人練功去，結伴同行的滑雪教練，專業、進取、熱情，善良的他出手指點迷津，剝洋蔥式層層挖掘，找出受困的我，針對症頭，直接開出最強藥方——「全部砍掉重練。」

> **本能會凝聚你四散一地的殘骸，依你求生意志或快或慢，排解重生過程中的種種阻礙。**

擊碎了，別害怕，那就趁重生長更大吧！為了衝破，你需要無邊際的各式學習，到最後不止是恢復，這段期間習來的突破性能力，將帶你一舉越過原始，全新的你必然長得更大。

既然自我練習無法進步，重複舊的做法只會得到舊的結果，那就讓專業的來整治。又是倒數的壓軸日，沒有多餘時間可以浪費，我一遍一遍搭纜車上山，一遍一遍練習腳尖（toe–side）、腳跟（heel–side）強力落葉飄（Power Pendulum）滑下，在每個重新站上的起點不斷對自己信心喊話，要求這一遍一定要多撐幾秒，才可以被恐懼戰勝，才可以收手害怕，滑到同樣地點，上一遍若不敢嘗試，這一遍一定要勇敢跨出去，已經沒有機會可以錯過，最壞不過是跌倒，大不了就只是疼痛。

學習滑雪，運動好手或許能無師自通，但請教專業的滑雪教練可以助你一臂神力，少走幾條冤枉路，也能少摔幾下屁股（笑），特訓強力落葉飄技巧，是為了加強重複失敗的環節，「重心放前腳、膝蓋蹲低……」先剷平路障，完整動作的訓練才不會受影響，待一切駕輕就熟，不用刻意強調細節都可以做得很好，此時的你實力明確提升，滑行時便能專注在進階要項，當你不再小心翼翼時便是突破。

餵成就一嚬飽，你就能長大一吋，十嚬十吋，隨著成果堆疊，聚積的能量曬出一道雨後彩虹，哪怕刷新的只是半步距離的紀錄，對我的意義都如月球漫步那般歡欣鼓舞，獨自在纜車上也許外人看著孤單，在半空中的我卻藏不住喜悅，想對著全世界吶喊「有自信的感覺真好！」。

兩個小時後，我一次通過教練的驗收，三個雪季以來的奮鬥，往內心塞滿滿無法言喻的感動，可惜又即將離開，不能再多點貪戀。

從天而降數不盡的六角形，一朵朵精緻到近乎夢幻，你熱情的捧在掌心，雪花卻在碰觸的那瞬間開始融去，在神聖敬畏的雪山中探索，處處是驚奇，事事是收穫，向外望去的風景，盡是無懈可擊的美麗，遨遊在遠離塵囂的純淨仙境，聆聽雪落下的聲音，你可以一路安安靜靜，好好和自己對話，只有時而呼嘯，時而輕柔的風聲能打擾你，唯有在此刻，孤獨也成為一種享受。

滑雪是戒不掉的，成功征服如走鋼索的每一秒，多少刺激就拉出多少成就感，漫天蓋地往你的世界撒上自信，你甚至可以隨時隨地，偷偷地，在心裏開一個人慶祝的party，痛快淋漓。

將滑雪世界帶走吧！初學滑雪，讀完我的故事你已經省去一大半的坎坷，一次次跌倒一次次擊碎，一次次重生一次次長更大，做好心理建設，更精彩的故事換你上場說了，接棒，我們雪場見。

PART 4

站挺職場，用力實現自我吧

Ⅰ 職場就位前：犯錯那就學習吧，讓自己值得你想要的一切

Ⅱ 人生第一份工作若只能計較結果，表示你擁有的還不夠多

Ⅲ 努力不等於成功，但一定會有收穫，收穫終將成就你的另一項成功

Ⅳ 放對位置，誰能阻止你在這場子火力全開

Ⅴ 別忘記你的名字，別遺失初心

職場就位前：犯錯那就學習吧，讓自己值得你想要的一切

登入全新職場的新人總求好心切，撞出連環挫敗了，焦慮倍增，容易就抱怨無人帶領、一切只能靠自己，不管你當下是不是個社會新鮮人。進銀行時已是工作的第四年，天真地按學校及前公司的模式，視職場教育為「理所當然」，暗自委屈只能從犯錯中更正，直到驚覺業務間是競爭關係才清醒，同事並不是同學，你們只是聚在這兒工作，獨立作業連共事都算不上，學習，卻一直都只能是個人的事情。

換新工作需要時間適應，具不具備即戰力的關鍵，在於你「學習的能力」。

只是學生身分時，要學會的是受用一生的本領「如何學習」，踏進人生經驗值不斷飆升的社會，要練就的進階能力則是「如何解決問題」，最初什麼都不會很是正常，若說選擇比努力重要理由只有一個，必須先於努力，許多人卻只解讀一半，選擇「完了」可沒結束，接續的正是付出努力的開始，從來都沒有躺平不努力就能過美麗人生的道理。

最終能收進你腦袋裡的，全都是為了生存，你拚了命解決困難才得以學會的，那就是努力所積累出來，解決問題的實力，但若是缺乏學習能力，起頭就學不會，問題就在你自己了。職場就位前，要懂得如何從生活中的「差錯」精進自我，只有在越過一件件壞事了，你才能發自真心，認為自己更有價值了。

讓自己值得你想要的一切。

俯拾幼時記憶，家中秉持「媽媽覺得你餓」餵食三屁孩，比照滿漢全席的三餐是她堅持的基本款，呼應老母霸氣的育兒哲學「寧願煮到你吃不下，也絕不能讓你餓著。」，橫批「不、怕、你、吃」。全家人從飯廳移動到客廳，再無縫接軌爸爸農種的綜合水果切盤，完勝所有人的胃，客廳桌邊擺滿全天候供應五口消化不完的點心份量，也屬合情合理的，在台灣錢淹腳目的年代，幾乎只要肯拋頭顱灑熱血的苦幹實幹，不用擔心吃不飽、穿不暖，過不上好日子。

見現在年輕世代被買房生子壓得喘吁吁，老媽不諱言，相較經濟起飛時期，當年蓬勃發展下處處都是發大財的契機。媽媽在杳無人煙的深山內長大，每日天還沒亮就得赤腳翻山越嶺，耗費數個小時才能上學，爸爸漂丿的青少年歲月則都在翹孤輪（笑），爸媽沒有可耍賴人生的硬後台，起家掙錢的那些年，就憑一步一腳印的勞苦力賺著。

出生時，我住在菜市場裡的中藥材店，從學徒熬出師的爸爸自行開業，仙楂餅與枸杞就是我童年的零嘴，上幼稚園後舉家遷回爸爸的故鄉，廚藝過人的他倆在學區開起便當店，生意絡繹不絕，使年幼的我們像野孩子無人看管，整個村莊都是遊樂園，play 多久都不累（笑），直到陸續捅出婁子惹怒村民，爸媽深感安全與教育的重要，只好原地大刀闊斧，改成經營大型電玩機台店，才能輪流騰出一位大人的空檔，在家指揮坐鎮，後來因政策把店收了，但克己多年，節儉積攢下的存款終於足以派上用場。

當年漁人碼頭的觀光遊艇業才正要起跑，看準商機的爸爸沒過多猶豫，決心捧回從未熟悉的課本（笑），考取證照，重金打造一艘親自設計的遊艇，開張營運，豔陽高照的暑假總是火烤炙熱，岸上的媽媽戴著斗笠和袖套仍舊曬得黝黑，夜深人靜不時懷念白肉底的自己，遊艇日趨白熱化的競爭，也讓媽媽免不了要扯著喉嚨搶遊客，嗓子始終沙啞，爸爸身兼老闆及船長，眼睛早已布滿血絲也得迎著風吹砂，曬到皮開肉綻一身傷也成為他的日常。

爸媽平時不讓三個孩子過去湊一腳，也許是因為無暇顧及，也許是不要我們跟著日曬雨淋，少之又少的次數中，只記得大人會稱讚我幫忙生意好乖，送零食當獎勵，模糊的印象裡是碼頭好好玩，再用點力回憶，就只剩捨不得爸媽被工作摧殘。

時代繼續驟變，拉拔三小長大的日子可不簡單，對於教育爸媽卻有所堅持，沒有退讓，身為艱苦的過來人，「擁有高學歷」被兩人視為是「成功」唯一的途徑。

奠定讀書根本態度的國小六年裡，每周都會固定被媽媽「挾持」在書桌前，盯著我檢討評量上一題又一題的考題，哭、臭臉、鬧脾氣都無從間斷，媽媽能教我的只到國小教育，但她給了我她會的全部。六年時光留給我的不是壓力與痛苦，而是媽媽一番不經意的話，重重埋進我的心底，她說：爸爸和她，大半輩子都在為養大我們千辛萬苦，把最好的都給了我們，現在只求三個孩子能用功讀書，要我們長大以後，不要像他們一樣做辛勞苦力的工作，要坐在辦公室裡舒舒服服的吹冷氣賺錢。這一段「勉勵」我不止聽了進去，還成了我往後求學過程中刺股的錐。

就學後的三姊弟，唯一要做的就只有把書讀好、把試考好，沒有其餘，也沒有誇飾，我雖不負期望拿下大大小小貼滿整面牆的獎狀，但也造成我許多基本生活能力到「晚期」才學會，一介大學生，可以臉不紅氣不喘的說出「我不會用洗衣機。」，因為按幾個鈕就好即使操作簡單，卻不會成為一道出現在考卷上的題目。

艱苦的過來人還有另一個囑咐。

做過各行各業老闆的爸爸，靠著創業賺足餵養我們仨的錢財，卻對小時候的我們說過多次「以後絕對不要當老闆。」，因為太操心了。因為怕我們心太操，寧願我們不要當老闆賺大錢，寧願我們快樂，他不用有個更富裕的晚年。

你的推斷無誤，職場就位前我沒什麼打工機會，只有在終結求學任務，等待放榜的暑假才去家服飾店增加歷練，學到三點粗淺體驗。

第一天老闆娘就要我替櫥窗模特兒換裝，我立刻用時下流行的多層次法打扮，她看了，幽幽地吐出「這樣是蠻好看的啦！」，卻轉身將其他換上，銷售經驗破零後我才驚覺貓膩，老闆娘款一件是高詢問度的熱賣款式，另一件是獲利翻倍的高單價，反觀我的利潤空間低殘只能賞心悅目，第一次實際操作行銷覺得挺有意思；初任服飾業，沒禁得起名叫「員工價」的迷惑，哄騙自己購入員工福利是種節省，難得又划算，細結總帳時才驚恐八成薪水都得扣去，自此我記牢本人消費罩門——折扣優惠，往後大條的誘惑我能左手拉住右手，守住不該亂花的錢。

正逢畢業季，一群「沒賺頭」的畢業生找不著謝師宴服裝，老鳥不接，滿懷工作熱忱的我見人有難，忍不住將責任往肩上扛，一手將樸素的妹妹改造成亮麗佳人，又在預算內，她們開心，我領了感謝，就當插曲揮去。一個星期後原班人馬又帶上一名女孩，指名找「厲害的姊姊」我幫忙，故事延續第二回合，成就感滿滿。

每一片瑣碎的花絮，能發酵的，都不會被時間侷限它的發展，保持擇善固執的初心，美麗的蝴蝶效應將翩翩起舞，在未來連鎖反應成一篇篇意想不到的好故事。

終於來到職場前最後一站。

除了研究生能擔任教授助理，領微薄月收入，偶爾我也會趁青春年華參加綜藝節目、購物台等賺通告費，專挑軟柿子吃，卻引來一場「震撼教育」受教至今。

一家知名科技公司舉辦大型程式競賽，同步選拔校園正妹當加油團豐富活動，足以使學生族推磨的五位數獎金吸引我下海較量。第一階段依照片票數進行篩選，我順利晉級，第二階段則直接面談，評比當日沒多想一身漂漂亮亮就赴試，因頒獎典禮需前四強正妹跳舞開場，首關便是測試肢體協調度，緊接著是評審的自由提問，幾個簡單問題不費我吹灰之力就答完，直到角落拋出核彈級的發問「你知道我們公司是在做什麼的嗎？」，我當場哽住。

那瞬間我感覺到一陣赤裸。求學之路全程泡在商管領域的我，原本就對科技冷感，生活用的 3C 產品都是由資工系親姊協助，「無知」的我一概零涉略，慌亂的當下我努力思索的不是正確答案，我知道腦袋裡的資料庫一點線索都沒有，第一秒已放棄作答，猶豫的是該用何種路線回應比較妥當，所有人都在等待答案的幾秒空白裡，一股涼意從頭頂竄到腳底板，因為和我本人一樣茫然，只好再從腳掌硬生生回流到頭皮，路過的寒毛都豎起致意。自知站不住腳，我勉強嚥下壯膽的口水，真真實實甩開人設，向「大人們」坦承自己確實不了解，混著尷尬與傻笑，為自己的無禮向主辦方致歉。

面對我的癱軟，儒雅彬彬的評審不疾不徐，溫柔的勾起嘴角，散發出和藹的光輝看著我的雙眼道「我建議你以後參加面試，還是要先了解一下公司背景比較好喔～」，我內心頓時邊哭邊笑流了一公升的眼淚。

一向喜歡得意自己不只有外表還有大腦的我，鬆懈過頭了，羞愧到想拿塊豆腐撞，拿條麵線勒脖子（笑），由衷感謝該公司還是挺我進前四強，從此我對科技業的情感鄭重地翻篇，刷新一片好印象（笑）。

越慘烈的挫敗，往往越能詮釋一朝被蛇咬的精神。

此後，每當接觸新客戶前，我再也不會忘記要先搜集相關資訊，或是內部系統摸索，或是網路查詢，為首次見面做足萬全準備，遇上心中沒有肯定答案的問題，也能處變不驚笑著四兩撥千金，不會再面有難色了。

從零新增一項本事固然值得驕傲，用心處理每一次機會教育效率更高，將劣勢轉化成優勢，不僅是在消滅缺點，也是同步添加優點，一加一減，你的實力將暴衝推進，減少弱點的改變，也可能在你往後最無助時，意外成為你一舉致勝的關鍵也說不定。

職場就位前，讓自己值得你想要的一切，父母用生命軌跡為孩子親自示範，潛移默化我面對逆境的能耐，學習能力也是經由學習而來，就從你犯錯後的反省中培養，抽絲剝繭調整自己，再笨拙同樣錯誤也很難出錯十次以上，況且你的人生還有那麼長，好好訓練學習的能力，難度往上一層的解決問題能力才能更好上手。

人生第一份工作若只能計較結果，表示你擁有的還不夠多

我的職場生涯只幹過業務，八個年頭沒停下來喘息過，三千個高強度的日子，好比濃縮二十年份的辦公室生態，泡成茶水間裡一杯義式咖啡，苦烈酸澀，外勤格外打磨我「早知道」，那是我最初就選擇送給生命的禮物。

業務力其實是一種「幫助」的能力，討人喜歡，討人厭的那傢伙是推銷。

真正的業務是直到交易結束了，你仍渾然不覺已成交，從來都是「非實體」行銷的我透澈體會，業務能力不止是狹義的賣東西給客人，而是掌控住人與人應對及導向的能力，我也是

走過才明白，原來我現在一身功夫，全都是自過往「業務角色」所提煉，不再是當年一開口就想結束對話的女孩。一系列故事不是關乎業務員的養成，是擴大範圍—— 一名「職場小白」的奮鬥，不限職業職位，裏頭一定有你熟悉的影子，或者將觸發你結合出新的思維，你終將明白，即使徹底離開職場，群體生活的我們都需要懂得運用業務力，撇不清，甩不掉，就怕你上癮（笑）。

你的工作初體驗是如何出線？每個轉角的 yes or no 我都歷歷在目。

研究所即將畢業，舉著棋子我們蠢蠢欲動，忙著考證照，忙著找工作，四處討各行各業的情報，卻都只能用大量的揣測與想像，去理解眼前選項可能的未來，沒有身在其中，很難先評論討厭或喜歡，人生經歷「過於單純」的我，不清楚自己真正要的是什麼，模模糊糊裡只能懵懵懂懂，印象中業務特質最常被提起。

第一步該下在哪最有利？系上任職券商高層的學長，回到校園徵才營業員一職，為探究檯面下實情，媽媽藉機詢問她的業務員，素未謀面，卻成了我的依據「證券營業員的工作就是打電話、跑客戶，做業績外也可以利用第一手資訊投資。」，媽媽轉述完還補上一句心得「我看他體體面面，應該不錯。」。

如果你跟我一樣有選擇障礙，任何問題，請愛用刪去法幫助自己。

雖沒有經驗，少數幾個「不要」還是能確定的。「不論做了什麼，每個月的薪水不會變。」，沒有實質動力會枯萎凋謝，我不行。「每天都做著差不多的內容，重複轉圈圈。」，了無生趣會失去靈魂，我不行。排除無法滿足我的固定模式，只剩業務的多采多姿適合了吧？於是社會新鮮人一枚，我，懷著學以致用靠股票大賺一筆的憧憬，踏上我在金融的第一圈—— 證券業，拉開我業務人生的序幕。

追求進步需要學習，學習的第一步就從樹立典範開始。

一張白紙，即使是在戰場前線摺摺疊疊，沾染上的，刻印下的，也難以留有深入著墨的痕跡，我在證券業只待了一年，開了門，屋子裏藏的寶藏都還來不及欣賞一輪，卻有幸見識到楷模級的「業務力日常」。

熟女的她，全身散發超凡脫俗的韻味，聽她說話，不提醒自己專注便會耳朵失靈，看著精緻的五官出神，燈火通明也能見身經百戰的她閃耀著光芒，法人部業績第一把交椅的她，離我太遙遠，從沒機會接觸，唯一一次，兩句話就把同為女性的我深深俘虜。

文件處理到一半，經過我桌旁時被人攔下，她一邊對話，手裏沒有停下，討論結束後她突然轉過身，用我這輩子聽過最溫婉輕柔的語氣開口「請問，我可以向你借一把剪刀嗎？」，極致魅力瞬間把案發現場射得亂七八糟，當我還醉倒在她甜美聲線，那雙嫩到能掐出水來的手，已貼著手背把歸還的剪刀包握在我掌心，誠懇，甚至是恭敬的，直視我沒膽對上的雙眼「謝謝你。」，她說完，我的世界霎時滔天巨浪。

我……我不過就是個微不足道的小咖，況且只是借把剪刀塵埃般小事，為什麼要鄭重其事的向我道謝！？別誤會女性特質發揮淋漓盡致的她徒有外表，每天七早八早的晨會一定是數一數二的早到，走進會議室總能見她已在翻閱報紙，開會時，國際大事、數據……最踴躍與研究部討論的也是她，撐起整個營業部又是認真處事的代表，她的成功絕非是偶然。

強大氣場，搭配謙卑不造作的態度，在職場上零破綻也不招人忌妒，神人境界的業務能力，我當時連跳都搆不著，輕言軟語則是到現在都與本人沒交集（笑），人生第一份工作卻能奠定我業務力的精神指標，在迷惘時能夠思索回味，可遇而不可求。

沒提出辭呈，一定有個原因存在。

「鈴鈴鈴……」專線響了，這一秒起你整個人神經繃緊，槍已上膛，業績上門了，你先撇頭一看，已接近收盤時間，不容出錯分毫，偏偏話筒那端聲音模糊不清，30 秒過去，你仍找不著客戶指定下單的股票代號，巨大崩潰夾雜著刺激，瘋狂飆升的腎上腺素呈現群魔亂舞……當個小小營業員最讓我著迷的，是在種種考驗下正確完成交易的成就感，那一刻緊張勒索了全部情緒，即便是老鳥一隻的現在，一想起還是會忍不住屏息進入備戰狀態，反覆磨練抗壓性多年，原本大振幅的人生處之泰然些，碰上意外少了不少震耳欲聾的尖叫聲（笑）。

不論你的工作是在新人蜜月期，或是厭惡星期一的水深火熱中，請試著放大細節去尋找，曾經讓你享受在其中的環節，強化它，最終一定會成為你在職場的拿手招牌，越早發現就越早成就。

流程最繁複的那次發生在銀行工作後期，要一步步執行交易的數字，寫了滿滿一張 A4，撥出電話獨自等待交易室接通，不小心讓擔心引起莫名慌張，恐懼冒出來咬脆弱一口，坐在我隔壁，最溫柔善良的助理見狀，停下她敲著鍵盤的注意力，轉頭安撫我「冷靜點，你只要冷靜，都能做好不是嗎？」，信任及時解放我的不安，找回高壓掌控的自信，專業催落去。

你難忘的第一個職場雖明白得淺，製造出的意義卻能很長遠。

不犯錯就不叫菜鳥了，多做事也許就容易多出錯，但做錯產生的羞恥感，卻是驅使你進步的最佳負能量。考試常被罵粗心大意的我，在成本最低的新人時期犯下一輩子的警惕，金融轉三圈沒再弄錯過。

「出社會不到半年從此負債人生？一失足成千古恨？」那位還很天真的我當真嚇壞，掛出反向交易的單，將賣下成買，心可不止是涼了半截，當發現時又是早已成交，剩餘的可以直接涼到底了，危機發生的第一時間，公司按 SOP 調出電話錄音，確認責任歸屬，所幸真相讓大家都鬆一口氣，像孩子家家酒，整通電話沒有人提及買還是賣，進還是出，譬如「兩張台積電」，為怕錯過理想價位，早期的確會用這種「默契」來搶下單時間，好在隔日的盤勢順利替我倆解圍，免除破財之災，了結荒唐。離開證券以後，台股仍不時上演震驚各界的不合理震盪，腦筋錯頻多 key 幾個零，勾起我當年的驚魂，莞爾一笑「這次換哪個糊塗蟲？」

揮別一家公司必定要做好的善後，是要在心裏頭向自己坦白，剖析、釐清、承認，你決定停止耕耘的理由是什麼？若是稀里糊塗的，便是白白被自己糟蹋一遭。

那一年，台股成交量低迷不振，領著三萬出頭的月薪始終摸不著獎金，離起跑點還很近的新鮮人不免著急，在心中與同儕較勁，因業務職的起薪包含拿獎金的空間，原則上會比同行同學歷的內勤底薪低，起步已經犧牲，連加碼都失去彈性，兩頭空讓滿懷抱負的自己覺得窩囊，除了實質報酬使不上力，春夏秋冬各嚐一遍滋味後「談不上熱衷」，每天觀察客戶盤前盤後部位，不乏暴漲暴跌浪潮洶湧，越發認為全方位資產配置不該侷限在一區塊。

還在摸索階段的你，手裡還沒握有什麼成就要擔心失去。

該轉車了，人生頭一個工作我已擁有滿滿的收穫，沒什麼好計較。你還有時間可以只留給自己，肩頭沒有分心的包袱，大可以四處去探險，直到找到你願意貢獻心力的位置，挖出尚未激發的衝勁，用絕對的理由深信這兒將會屬於你，此時此刻絕不是你安穩的時候，請別坐下休息。

盡可能用邏輯篩選下一份工作，讓履歷上累積的經驗與實力得以再次延續，專精至權威是選對後的事，不必死守著「交集」的領域，想像不被限制才能突破進化，多點勇氣去「聯集」的領域探一探，隔行如隔山，跨界開墾懂越多，涉略層面越廣泛，交叉融合具備觸類旁通的本事，更能因應瞬息萬變的世界，創造出嶄新多元的版塊。

經過深思熟慮定案後，還沒擠進搖滾區看清楚將來的模樣，別半路就嫌棄路遙腿痠，最後兩手空空拂袖而去，沒發覺嗎？入場門票可是你付出代價才到手的，光論「時間」成本就彌足珍貴，人生每分每秒僅此一次，不停在流逝，你選擇這份工作，表示你同時放棄另一種可能性，那就是你肯定失去的成本代價，離開一份工作的含意，是你有了更具發展性的機會，你決定不要再錯過。

努力不等於成功，但一定會有收穫，收穫終將成就你的另一項成功

人間沒有絕對，曾經的終點都不過是跳板，一階高過一階，直至遠方，就算徒勞無功也只是暫時，堅持努力「對」的事不會白花你的心力，一定有個屋能裝。

能準確運用練就而成的各樣能力，即是你真正的實力。

上傳履歷沒多久便接到面試邀請，即將恢復自由身的我不設限，立刻赴約，年輕主管西裝筆挺，架式十足解釋「通訊處」的核心，風險保障、財富累積、稅務管理、到最後一步繼承分配，「這就是我要的專業！」我眼神發著光。

完整一套財務規劃震昏涉世未深的我，無底薪也無畏，執意一鼓作氣跳下去，燃著滿腔熱血編織未來，小綿羊兒受過訓卻沒見過世面，聽話的整盤接收。過段時間我才逐漸弄清，原來我在金融的第二圈，華麗包裝下，骨幹就是俗稱的保險業，餅畫得大，卻沒有唬爛的成分，我能體諒繞個彎，無法直說白話文的難處。揭開面紗並沒有讓我想轉身離去，就事論事，反而對「違反人性」的培訓，多了一份逆境中求成長的相信，匆匆兩年，受盡磨難的歲月，我跳躍式壯大自己，鐵鍛成鋼，終需千錘百鍊。

工作讓你很想掉眼淚的時候，不要太傷心了，因為你的難處已經有人為難過，太辛苦，太委屈，忍到最後一刻你蹲了下來，會發現桌子底下有很多人正在掩面哭泣。

該通訊處如軍紀森嚴的管理模式業界出名，前衛的制度，別樹一幟的策略，在在別於常見的傳統保險業，一般保險業務不用天天進公司，通常都是有事處理才到，我們則是如正常上班族，週一到週五早上八點半準時簽到，主管專屬的晨訓甚至要再往前，每日從早操開始暖身，九點正式「開工」，琳瑯滿目的課程加上話術實戰演練，一路受訓到午後才是個人作業時間。在已是週休二日的年代，仍要求星期六上午要出席進修課，「這時段如果不來聽課，也只是在家睡覺吧？」，不等你的啞口無言，「別人休息，就是你超越的最好時機。」再補上你無法反駁的理由。

聽起來像壓榨員工的鬼故事？我肯定，種種嚴厲，都是使我像塊海綿大量吸收，紮實打底的原因。不斷精進學習後，成功與否，在於你的抗壓性「能承載多少重量的嫌惡？」，不熟悉保險的人多半觀感：滿嘴商品強迫推銷、拉人情、理賠糾紛多、像老鼠會找下線、過度幹勁假掰……部分評價很過時，幾個負面我認同，說句公道，早期商品設計的確有些瑕疵，逐步修法後，現更多的亂象是不肖業務員不守規定，明目張膽染指無辜的產品。

是什麼訓練怕弄巧成拙，後勁太強？剛入門的新生，最不能等的就是要硬起來，扛住外界的質疑，於是安排了「駭人」的鍛鍊，先親手了結軟弱。昏暗的燈光，一觸即發的戰鬥氛圍，人人緊繃著一臉嚴肅，伴隨重低音的鼓聲，主持人出場，一番振奮的勉勵，一位主管搭一位新生帶開，兩人面對面，輪流衝著對方咆哮，音量要一次比一次大，情緒要一次比一次激昂，為了逼出爆發力，你使勁握緊拳頭，到最後渾身都在顫抖，猙獰的五官會烙在對方的記憶裡，至於內容？成功宣言之類的。

其實很快便結束了，收尾時畫風突變，放起感性旋律壓壓驚，拉開簾子，重新迎接光明，主持人再度出場安撫在座的情緒，初次接觸的妹妹容易適應不良，在「得救」時失控哭了出來。我操作過幾次，沒有因奇怪的儀式做過噩夢，但作用？就是個問號，十年後打著字的現在，忽然認真猜想，或許，是要習慣在和煦陽光中隨風搖曳的我們，練練爭執場面的膽量。

試試「享受瘋狂」加速你步入正軌吧！慶幸在最能張狂的年紀，比起安穩，我更貪圖能力成長，不虛此行，將自己磨出芬芳。

認真對待每一次付出，最先「得到」的其實是你自己，因為你得先自行充飽充滿，才有內容給予出去。後來我達成晉升標準，成為業務主管，加入主管組織，按我的金融背景分配進「財經小組」，從聽話照做的角色，轉身背起教育新生的責任，每週一要播報上週財經大事及本週聚焦方向，過濾資訊對謹慎的我是個沉重的擔子，因應全球時差，也得壓到星期日才能開始做簡報，那時的我還會被緊張駕馭，害怕在台上詞窮，輪到我的星期一都在凌晨四點半起床，花上兩個小時熟悉講稿，緩和情緒，追求完美的人，難以接受在沒準備好的狀態下呈現自己，我自認能力不足，卻硬被趕上架，只好勇敢的享受瘋狂，再能瘋狂享受。

有些坎，太清醒的人是不肯跨過去的。

當個業務門檻不高，我常是公司裡最高的學歷，有人對我好奇，讀這麼多書為什麼要做業務？這是很老舊的觀念了，但在我成長的鄉下仍是存在，尤其針對壽險業，農村地方熱情，少點防範，相較都市保單，人情味比例多些，父母曾捧場親友推銷的傷害險，出意外後，卻因「資格不符」無法理賠，醫療險詐騙形象因此根深蒂固。

爸媽勞心勞力賺錢，花錢的卻永遠都不是他們自己，月月重砸的開銷就只有孩子的教育，芭蕾舞、珠算、鋼琴、電腦、游泳、兒童美語……開始升學壓力後數學、物理、英文、家教、衝刺班再由補習接力，不遺餘力栽培我進金融圈，贊同我到證券做營業員，銀行理專的工作更是滿意，但壽險業務？世代變遷使價值觀拉扯著，我能將心比心，也清楚是個誤會，保險也是銀行理專的主力商品，有存錢功用的儲蓄險、投資基金的投資型保單，也都是保險產品的一種。業務員說的話未可盡信，但保險「契約」具法律效力，白紙黑字的條款可是爭議的依據，只是保戶很難把堆在一起的專業術語完全看明白，我堅持一字不漏鑽研各險種的保障，琢磨令人頭痛的語意，釐清各家人壽藏有魔鬼的細節，一站上銀行戰場，果然立馬見真章，驚豔的業績，連資深前輩都會找我討論保險疑慮，信賴我的實力。

翻開那兩年認真聽講寫下的筆記，句句都是智慧結晶，一頁頁文字映入眼簾，讀進心裏頭的全是感慨。世俗眼光，話中有話，我選擇挺直腰桿緊抓住機會，感謝已不存在的通訊處成就我的另一項成功，感謝爸爸付出耐心、媽媽適時安慰、姊姊行動力挺、弟弟理解支持，也感謝自己努力收穫。

悲劇裡不一定有壞人。

你的避風港，是否也曾颳起強風暴雨？請先全盤了解彼此心意，拼湊出完整地圖，再挨個處理，走出通順的那條路。過不去的問題是什麼？為什麼也很重要，理性難以解決的爭執，往往是出自善意才產生糾結，調整情、理至雙方都舒服的平衡點，方能獲得共識。唯有銅牆鐵壁的意志才能接住你，憑感覺、靠衝動，幾個窟窿就能把你消磨殆盡，若在探索「我是誰」階段就能發現熱情，若能早早鎖定目標，我肯定會毫不猶豫在路上摸、爬、滾、打都好，因為我深信巨大的渴望才有機會迎向成功，面對人生的抉擇則可以柔軟些，有彈性，好過易被折斷的僵硬。

不用事事用一輩子的規格去衡量，太累了，也太傻了，人的一生比你想像的長多了，時代隨時在轉變，活在過去就設下的框框內到老，不只留遺憾，還可能窒礙難行，不管你正在哪個歲數，別再浪費時間吵根本無法預測的未來。

放對位置，誰能阻止你在這場子火力全開

自信耗損掉了得儲值，低標下就拉警報，自我肯定是具力量的心理暗示，潛能不可忽視，須足以支撐職場上的你，看似沒有穩定性，清楚來龍去脈的我，始終相信自己的決定，當一份工作掌握越深入，離核心越靠近，你走到未來的輪廓將越發清晰，我在金融的第三圈—— 銀行業，結合過去證券與壽險的歷練，層層遞進。

會啟動下一個目標，是為了讓自己再次舒展開來。

「你的氣質很適合銀行」第一個見到我的新同事說，橫跨了三個產業我強烈感受到，「位置」才是你能不能火力全開的

關鍵。剛上任施展的是既有本領，除了加上銀行規範，為客戶解說產品的主軸不變，反應卻大相逕庭，保險業績翻倍，苦盡甘來？是心疼自己過去的酸楚，銀行業務進入門檻較高，銷售流程更加嚴謹，客戶信任度大增不無道理，壽險業務員要成交是較費力，但報酬自然也是數倍。

即使保單銷售順手到連自己都意外，前後兩種工作型態卻大不同，畢竟銀行有更多元的工具可做資產配置，到現在我仍感念當時的主管，見我業績達標僅一條活路，「忍無可忍」之下拎著孤立無援的我，手把手傳授她寶貴的業務經驗，美麗又嚴格的她，兇悍外表下藏著柔軟心腸，抓業績從不鬆手，但煩惱私事時也會給建議幫忙，表現好，引以為傲的她會替我鼓掌，若是出錯，也曾大發雷霆飆罵，高分貝到後台主管都出來打圓場，出包引來責罵我心服口服，一是因我讓她失望了，二是經手資金，不犯錯是合理又最基本的要求。

身為分行最嫩的理專，我的辦公桌沒有包廂沒有隱私，每天九點「營業」大門一開，都在為當日數字操碎心，焦慮業績報表掛顆零會被鐵青的臉色「凝望」，其實我不常被「關愛」，因為逼最重的就是我自己，隔壁商店買兩顆茶葉蛋加杯奶酪，中餐火速完食就跳著上工，不敢怠慢，看在眼裡的保全大哥，稱我是菜鳥堆裡最積極的那隻，沒資歷就沒空間縱容自己得過且過，當你小看自己，藉口分行業績輪不到你扛，更多資源的缺也輪不到你往上爬，主管不是父母，幾個孩子就公平分配幾等分，最好的球鞋當然給最會跑的穿去比賽。

那年中秋前夕，她低調的塞了一顆月餅給我，半個手掌大就要價上百元，我一個小資女在台北闖蕩，凡事只有自己看著辦，每個月生活捉襟見肘，存款都是妄想，如奢侈品的月餅根本不是我吃得起的檔次，她壓低音量對我說沒有多餘，要我不要張揚，我接過手，謝過她，躲進會議室感動的一口咬下。那是我至今吃過滋味最美妙的月餅，多年過去了，每年中秋我仍反覆回味著當年的恩情。

那一年是我職涯中最快樂的時光，主管提攜，賣力跟著打仗也做出成績，賺進終於上升的收入，天天開心的與業績壓力手拉手，一切如此美好，直到她要離去。她單獨找我進辦公室，告訴我她就要走了，利害關係即將解除，她放下主管身分的顧慮，與我促膝長談一番真心，耳提面命「客戶的話不要全相信」，我無法理解，她再囑咐「任何人都不能完全信賴，就算表面上是為你好。」，我也想像不出話語中的情境，一時間還抗拒要顛覆正義，一句句站在我立場的設想我聽不懂，只好先收下，埋進心中。

改朝換代沒多久，失去保護的我受到接二連三的衝擊，當時身陷水深火熱，沒有想起她的預知，在過了很久很久的以後，無助的潛意識才挖開這道回憶，原來早就有人提醒我，原本的模樣遲早會受傷，只可惜當年的我沒有能力通透。我想那時候的她，一定是放心不下付出完全信任的我，才會在離開前對我掏心，在複雜的職場上，最難能可貴的就是對你的珍惜，有幸遇到，記得要回敬。

剛開始激烈難免，冷卻後請思考「抽掉惡劣情緒，是不是就成了一件簡單的事？」

循著真理，問題依序處理便能化解，若一方失去理智，扯進負面情緒，這才是最難解的結，擒賊先擒王，談判先擒魔王── 情緒。第一年遇上專程來吵架的客戶，我都嚇得奔上樓求救主管，現在她不在了，生疏、尷尬，再鬧我也只能硬著頭皮一個人擺平，積些滄桑了，什麼等級的惡火再燒上門，我都能慢條斯理收拾想逃的本能。

一對母女一坐下，拿出前任理專成交的保單控訴，我迅速查詢完，擔憂一放，推敲銷售沒有惡意，走上同一艘船，加入氣噗噗的兩人，當抱怨獲得支持，就會像戳了洞的氣球開始消氣，再抱持「小事一樁」沒問題的態度，舒緩她們的緊張，接著只剩誤會釐清了，我心平氣和解釋，對話來回重複，罵著罵著，真相逐漸使她們軟化，數次攻防，也感受到我耐心的安撫，女兒率先一反說詞「之前好像有講過……」，機不可失，我順著話趁勝追擊，讓她們清楚後續處理，疑慮消除，送客時，原本晚娘面孔的媽媽鬆開兩條皺眉，判若兩人笑著說「小姐啊～你長得真是漂亮，而且脾氣很好耶！」，看得出來親切才是她的本性，我謝過讚美，客氣的笑了笑，這張待客的笑臉用了多少事才磨成，從我燃點低的個性滋長出淡定，全是拜工作所賜。

要將自己放在哪個位置才對？找出你的職業適性。

我從沒簽過能讓高層笑呵呵的大單，卻在認真及成就交互作用下，拚出年度業績排名前五，226% 達成率，遙想五年銀行歷練的起頭，那會兒我毛毛躁躁，所有不安都大寫在臉上，常被陌生客戶劈頭問「你好年輕喔，畢業多久啦？」，六個半小時的營業時間，蹬著高跟鞋甩尾在各轉角，喀喀喀響遍一、二樓上下，客戶見我在分行裡狂奔還會勸不用急，直到一天，我等著櫃台妹妹敲帳，人美心善的後台主管忽然抬頭，彎著眼角充滿笑意問「不用跑的啦？」，先是一愣，會過意我才噗哧笑出聲，走到後期，舉手投足老練，滿腦內建招數，天真都裝不來了，原來信賴感是關乎是否穩重，而不是臉上有無多幾條皺紋。

午後傾盆大雨，一位眼睛看就知道昂貴的貴婦走進，華麗的套裝披著皮草，鮮紅唇色妝略濃，像怕不夠熱鬧，十隻手指戴滿要價不菲的珠寶，脫掉墨鏡，不假辭色，企圖用總裁霸氣鎮壓我的場子，理專看最多的不是錢而是有錢人，我從容不迫應對，沒閃避她尖銳的眼神，聽完回答她終於開口「你不錯，跟我說話一點都不害怕，應該做很久了吧？」，一度靜默的那數秒，彷彿在往我身上蓋章「審核通過」。

習慣本土銀行的理專，未必會想去沾外商，只是當時的我還能更緊湊，想要更多。接下職級更高的業績目標，客群屬性往高資產集中，律師、醫生、高階主管或是企業主等，盡是社會定義的成功人士，合作不同人格特質需靠不同思維，調整成同頻率你才能聽出密碼，順利展開契合的對話，與我往來頻繁的是女性居多，因為敏感的我都懂。

我所做的業務，是利用公司資源做自己的事業，練就的是一條龍的能力，想在職場上披荊斬棘？先詳閱所有公開說明書，熟悉各種技能，才足以對付各種奇形怪狀，接觸一樣新商品，第一時間我會恢復「難搞」的真面目，成為客戶方，以消費者的立場提出各式反駁，再跳回業務身分的我，用「全部我所知」絞盡腦汁，揪出盲點，好比工程師寫程式，出現 bug，要不斷嘗試改寫直到除錯，越零死角檢視問題越能破解，客戶提出反對問題是常態，原因見怪不怪，每個人能接受的解決方案也都不一樣，多知道一種查詢、多學會一樣作業模式、甚至是多記下一組窗口聯繫，一個不經意都可能促成你成交，一筆交易涉及眾多部門，流程中的權限你都要學會，能掌握的權力就不要閒置，才不會在處理事情途中被綁架，助理總有忙不過來的時候，你願意排隊，你的客戶不見得可以等候，即使出錯不在你，吃悶虧的只有你成交不了的業績。

每個月歸零，重新開始，我經歷了 100 次，擦去任性，韌性越過平均值。

才出發的落後不用感到氣餒，雖然要多付幾倍力氣，捨不得休息卻會是你的優勢，雙倍力氣將獲得雙倍實力，初出茅廬一無所有，年紀，就是你最強而有力的資源，不在學習、記憶、體力狀態最好時多往前衝，隨著身體機能衰退，做起事來會漸感力不足，務必及時佔領你的理想，才能在你該享受的年紀，消除老化的不安全感。是的，我們的青春是逝去了，但現在我們可以踏實的感謝自己，沒有浪費珍貴的黃金時段，我們用時間兌換出了價值，物質的擁有，心靈的涵養，自己的墊腳石自己墊，讓各年齡的優勢完成移轉。

我不是智商驚人的學霸，也當不上選美冠軍，但一直都在內外兼具的路上奮鬥，曾被同行評「有外表不靠竟靠腦子」，一度讓我質疑是否錯失了什麼？時間是最公平的，用在哪裡，成就就會在那裡，實力可以倚賴一輩子，加分的外型也是對自己負責的表現，兼顧魚與熊掌，把對的位置升級成你的場子，誰能阻止你火力全開？就只有「你自己」。

別忘記你的名字，別遺失初心

職場劇主角總會「寫實」地受盡社會摧殘，名利雙收的最終幕，卻收尾在最初的可人清新，兩條麻花辮溶進了大染缸，無邪的笑容，切換成抿著唇的堅強，虐足觀眾，勾出思緒，回憶她一路走來的磕磕碰碰，鄉村姑娘到都市女強人，得到燦爛，實踐夢想，一望無際的眼神卻一把沖亂你，純真與成熟，是否終究無法並存？現在的她，是獲得還是失去？

誰工作是為了做隻社畜？

啟動為自己負責的第一步，先花時間了解「你」是誰，再用盡力氣抓牢初心，因為世界會跟你的想像不太一樣。

初入職場，好心前輩提點我「同事就是同事，不是朋友。」，但我還是「不聽話」的吐血幾口，才彎下身子，默默撿起防彈衣穿上，切勿模仿不良示範，古有宮廷內鬥，今有職場廝殺，後宮娘娘都鬥不出新把戲了，職場防身術多少學個兩招，雖不至於餵你喝紅花湯，相愛相殺的生存技巧最好游刃有餘，以備不時之需，災難來臨前，並不會先寫封信通知你。

職場生態並非百分之百是共存共榮，今年有達成目標，全都能拿 A 考績回家，團結一心，你好、我好、公司會更好的完美境界，更大比例的職場，是需要你爭我奪的競爭環境，適者生存，不適者「理應」淘汰，無論一整年裡你多麼鞠躬盡瘁，公司預算才是老闆重點考量，A 考績只能有一個名額，存企圖的在有限資源下，個個比能力也比手段，多激勵（笑）。

當你的卓越有了存在感，開始受到關注，會因距離權力越近，大開眼界成人遊戲，若為旁觀者，或許能對高級過招表示欣賞，份量提升了，樹大招風，再清流也會身不由己，成為眼紅人的箭靶，你只能以靜制動、以柔克剛，暗地殺雞儆猴刀不見血，檯面上不能失序，最好在接觸的開始，就劃清你能承受的道德底線，否則在腥風血雨的職場食物鏈裡，犧牲你的良善，也只能淪為盤中飧，僅此而已。

我也曾困惑，非黑即白就成不了大人物嗎？

學校教育你黑與白，憎恨灰色地帶成了成長的必經過程，吃虧讓我學會怎麼治癒，也學會如何防範，職場上執著對的事並沒有錯，但不足夠，你需要三點配套：

1. 演技

演技不是壞東西，只是被說謊的人濫用了，不是推崇主動攻擊的「假惺惺」，而是被動的「必要性防禦」，靠演技面對客戶的不講理，你才能不帶私人情緒保持冷靜，明明談判沒有籌碼，也要演個「勝券在握」險中求勝，大敵當前，也要學會掩蓋得失心，保護自己，露出本性雖忠於情感，但未經修飾的真性情卻未必都「對」，也可能陷自己於不利。

想哭就哭想笑就笑，直接反應情緒當個巨嬰？違背真心做對的事是高難度動作，只能靠演技。

2. 表達力

不是要你用天花亂墜的話術來管理，表達不是光說不練，勿混淆，對的事情更需要良好的表達力，才能傳到千里之外，詞不達意不僅無法準確說明白自己，獻不了策，也容易造成誤會，還得冒被盜的風險，付出被整盤端走，有苦也說不出口。

受欺辱沒能力反擊，被誣陷了沒辦法澄清，孤軍奮戰，沒人脈當利器，再偉大的理想也無人理解你，所有的智慧、奉獻都只能鎖在你腦子和心裡，要知道，伯樂很忙，別等到花兒都謝了。

3. 影響力

話語的影響力有程度之別，比起公司職位，有領導能力者更具渲染力，職場的確隱埋了不公不義，看不慣嗎？那就提升對你的好感與信賴，強化你的號召力，才有撼動的力量去做革新，人人都有張嘴，隨時都可以開口，但人微言輕，起不了作用，只要你願意善用，權力不是貪婪的代名詞。

支持也是一種影響的方式，你也可以只是位接受者，因為接收改變，也需要程度才能消化跟進，予以協助。

人生沒有一條路平坦，特別是職場，前方出現一個坑，功力深厚的，可直接輕鬆跳過去，當作複習；若還不懂跳躍，你可以用鏟子來鏟土，踏實填平再走過，學會另一種能力；如果你什麼都沒有，那就往下掉吧！那麼你就可以懂得如何從低谷爬起。沒有回頭，沒有停留，也沒有踩過別人的屍體，不離不棄捍衛未崩壞的初心，恭喜，你記得你的名。

純真與成熟，是否終究無法並存？我的答案是，越成熟你越能守護你的純真，守護你自己。

PART 5

手把手邁進理財終站，錢滾錢只有起頭難

I　存錢是為了能花更多的錢，你存下的是希望

II　不想省錢？不浪費做得到吧？恭喜你要有存款啦

III　派出你的企圖心，出手開源為自己的人生解套

IV　縮小風險，用資產配置收下那些漲幅吧

存錢是為了
能花更多的錢，
你存下的
是希望

存錢一點都不笨拙，那可是錢滾錢的第一步，只存錢無法成為一代富豪，「先」存錢就行，一夜暴富你也有機會實現，有錢人從無到有，共同起手式都是存下了「希望」。

理財最大的價值，是能在薪資以外，花上更多的錢。

商業巨頭巴菲特自幼各地打工，21 歲辛苦存到第一桶金，多年來以 2 萬美金滾出財富雪球，登上全球首富……覺得遙不可及嗎？貼近你我些吧，我第一次進攻購物天堂巴黎，毫不心疼花了 20 萬買兩顆名牌包，只因為我理財。你現在大可以對你的錢錢抱歉，忽略那就是對你往後的人生抱歉，為奢侈品花光

工作賺進的薪水，戶頭裡的數字總曇花一現，過去的我只是看似可憐，取消不買酷東西，含淚把錢存下，但當我能開始用「存款」賺錢，可以不花掉存下的本金同步購入奢侈品，甚至可以買進比當初更酷的東西，懂了嗎？有理財能力的我才是酷。

金融業並不是我的第一志願，高中選的是二類理工組，數理並不差，卻傻到以為從商才能大富大貴，出社會後「如願」沒再跳出圈，以買房為第一個賺錢目標的我，沒多久便沒受家裡援助，父母也拒收任何孝親費，體貼大不易的這一代，讓我能專注打造財務堡壘，築出底氣，作自己最強而有力的後盾。

我第一份工作在證券業，業務的月薪硬是較低，讀到國立碩士只有三萬出，頹廢的台股行情也甭想領到獎金，在寸土寸金的台北求生存，光是房租、水電、手機、交通費等，基本開銷就削去錢包一大半，窮酸度日也省不了幾塊錢，不想坐以待斃，卻換了一份沒業績就沒收入的工作，敢做業務，考量的關鍵當然不是底薪嘛（笑），我確實沒誤會自己，第二份工作稍漲，平均月收四萬多元。

有業績等於有進帳的規則下，我破產了。在最該吃苦的青蔥歲月，我時常得騎著機車，奔波在催完油門按煞車的車陣中，塞在橋上的那次，我出車禍了，所幸肇事者與受害者皆是本人我（笑），這一摔雖沒斷手斷腳，卻引發膝蓋多年前的舊傷，個把月無法下床，兩腿報廢，雄心壯志也跟著廢。意外事故不讓我賺錢，只能在家躺平啃老本，焦急下一筆收入在哪裡？何時才會發生？眼看為數不多的存簿餘額往零奔去，慘到戶頭相互轉帳才能湊成鈔票面額領出，人與財做伙燃燒殆盡，落魄等著保險理賠金，人生唯一一次破產經驗。我也只允許一次。

銀行延續我前兩份業務工作的資歷，開出的底薪卻不如菜鳥時的價碼，一番掙扎後我接受了，舞台給我自己闖，每一天我充飽幹勁，產出業績，開張即開紅盤，獎金滾滾落袋，終於能啟動存一桶金計畫。你認知的存錢，只是存下花剩的零頭嗎？你沒發現弔詭的是，不到月底連撲滿都被掏空了嗎？每個月發薪日都像站上敗部復活舞台，膩了嗎？（笑）悲劇指出我氣數未盡，對好勝心如萬里長城綿延不絕的我，危機就是命不該絕的轉機，我掐指一算，三萬元都可活下來，現在大於了，總能存了吧！翻出使命必達的儲蓄鐵律，收入－儲蓄＝支出，打破舊思維，預先扣住設定好的儲蓄金額，剩餘收入才是能運用的支出。

隨著存款逐筆增加，裡面堆出多少數字，你就能感受多少激勵。

第一桶金的誕生歸功於守紀律，除了預留下個月必要的繳費，當活存超過__萬元（自行填入），會做成一筆筆定存，當作被儲蓄怪獸吃沒了，其餘才是生活開支。

讓帳面維持在__萬元以下，用意在於：

1. 消費天花板

再花，金額也低於__萬元，既然已控制在合理範圍內，無須矯枉過正，錢該花就花不用客氣，勿讓存錢引起你的反感。

2. 假暗示

活存不會顯示定存，當你從 ATM 提完款，下意識讀進螢幕上的餘額，若不刻意回想，會產生「這就是總資產」的錯覺，永不大於__萬元的暗示有警示作用。

3. 隱形約束力

定存當然能隨時解約，卻也可以用來勒索情緒，牽制你的心虛，除非緊急事件，否則一定是買超過才會要解定存救急，越渴望有錢，一次透支就能使你內疚不已。

等熬到歲末年初，大船入港，一口氣將整包年終統統存下，此刻起，存錢不再是不見盡頭的深淵，而是你引以為傲的殿堂。

「現在存多少了？」才隔個月就要問一次！我會揪著自己衣領，邁進我的渴望，長輩鞭策的力道對我並不大，偏偏沒安全感的媽媽老愛指揮，不符她花錢標準就碎念，其實我曉得她緊迫盯人，無非是想我早日脫離為財死為食亡的日子。

一度試圖想達成和解，透露進度，沒料到竟讓她撿到槍，食髓知味「……餐廳都吃那麼貴的啦，每個月又美甲又接睫毛，整年都在出國玩樂啊……」，母女倆的終局之戰，在她發現我享受的同時還能有筆「合格」的存款，才放下心來放過我「嗯，你是真的有在存錢。」，轉身瞄準下位目標，接著開槍（笑），一句釋懷解開我頭上的緊箍兒，世上再沒人過問我的資產。

我存錢，是為了著手真正想做的事。

走出銀行才發現有錢不存的人真不少，我太訝異！月光族都清楚風險，對旦夕禍福的意識卻模糊，人生無常，想依自己的方式過日子，至少也該有備用金，出神入化的技術，也敵不過運氣背，遇上危險駕駛一次就能破碎，衰的都是別人？來談談生活，現代人多數晚婚，當孩子呱呱落地，雙方年邁的父母也退休了，上下開銷都要你們夫妻扛，若雙薪家庭的太太又懷孕生子、被三代夾擊的你過勞病倒，收入中斷可怎麼辦？就算開竅想存了，也早已被現實榨乾了。

「反正有錢花，何必存？」高薪資族群要周轉輕鬆就能借到錢，沒在怕還不起，容易在無形中浪費，只不過沒有積蓄，一樣有機率窮到被阿飄抓（笑），再者，優渥薪資的背後有代價要償，犧牲健康？沒生活品質？不人道的欺壓？危險職業？長期外派出國？以前我不明白，怎麼會放棄夢幻薪資，選擇對半砍的年收？因為他們要的是陪伴家人的時間，看重的是一去不回的時間，及早正確理財，你就能停止拿生命交易金錢。

你現在的每一步都是在替未來下決定，想要翻身，你給過理想機會嗎？不該老想著現在滴下的眼淚，你要記牢的，是終將笑得合不攏嘴的畫面，跨過存錢的檻，你的理財計畫已起飛。

不想省錢？
不浪費做得到吧？
恭喜你
要有存款啦

存不了錢的人都是挨不到習慣養成，不夠持久，但「節流」並不是悲情省吃儉用那套，職場劇主角狂吃泡麵不是因為窮，只是廠商砸錢置入廣告（笑），儘管進不准出的手法太憨直，日子一久誰受的了，平衡生活品質才能提升存錢的動力，提升成功的機率。

收入－儲蓄＝支出，在收入持平的階段，想要增加儲蓄，只能透過支出減少，攤開我過去十年的消費經驗，大澈大悟，原來「消滅浪費」才是省錢箇中真諦，要從自己手中奪回你的錢，只需管控好你的消費習慣，五點血淚史，請笑納。

幹嘛自己打開錢包任人宰割？花錢越容易就越容易花錢！

我曾因不想多記一筆帳而放棄結帳，也曾被廣告鏟起沙發上軟爛的我，卻因付費網頁幾次當機，興致全失，又成功防守一次，當我們耐不住麻煩決定取消購物，表示那只是一股不必要的想要，而不是必須的需要，換言之，沒多久後你就會忘了那份心動。

商人為了促進經濟繁榮（笑），神速研發更便捷的付款方式，從貨幣、信用卡，到虛擬化的手機支付，進行買賣交易越發暢行無阻，人人最具國際觀的行為就屬網購，但看得見卻摸不著的演變，只給了我們便利？看著螢幕 90,000 變成 80,000，和把你剛領出的一萬元現鈔撒向大海，哪個心更痛？業者想方設法攻腦波最弱的那塊食，不斷更新拐彎抹角的優惠方案，5% 刷卡回饋超賺嗎？回饋金 10,000 元超多嗎？你先招來 20 萬是刷了什麼鬼東西！

高回饋率要與划算相等有前提，用折扣購買必需品是聰明消費，為蠅頭小利浪費一大筆錢叫因小失大！修煉你的消費定性，踏實走在時代尖端，若只有單腳站立輕易就會失衡，離萬劫不復的深淵更靠近。

品味是指懂買，不是能買，高替代性的物品不要重複買！

你可以把保養流程的化妝水、精華液、乳霜都買齊，該買沒買的就買，但你不會同時需要十瓶化妝水，若是因不符需求或買到劣質品，記取沒做好功課買錯的教訓，列入黑名單別再犯。一次買多單價更便宜，囤貨真的是種節儉嗎？放到過期也用不完就是多餘，白買了錢也白花了，產品也會推陳翻新，新款功能更強大，誰還想拿舊款用？精打細算原是好意，卻成了消費最容易落入的陷阱。

不小心多買到同款，不必檢討記憶力，捲起袖子，你需要的是用邏輯整治，將家中同性質的物品整齊擺放在一起，才不會因亂七八糟不好找或找不到，挑選也能更全面，排列時要注意視線遮擋，藏在深處常會因看不見而被遺忘，比如我的衣櫥，重度洋裝控的我有上百件，按樣式一一規矩掛放，一眼望去一目了然，方便我每次精心裝扮，逛街還是會被當季流行燒到，先讓猶豫削弱你的衝動，再使殺手鐧「你已經有一件 87% 相似的裙裝了。」，恢復清醒，趕走差點亂買的自己。

花錢不一定能尋著開心，療癒你的不是花錢這舉動！

靠「花掉錢」撫慰受傷的心靈，我無法理解，太純了（笑），把辛苦存下的錢隨便花在不值得上，就像把真心錯付在路人身上，怎麼會開心？負面情緒騷擾時，自我防衛機制會悄悄開啟，偷偷降低讓自己好過點的標準，在異常狀態所做的消費，多數都不是你實際想要的，只是覺得還可以，胡亂塞個理由就辯稱買得有理，當時心煩意亂的你根本無暇顧及，等到心情平復，看清一手製造的爛攤才無限悔意，錢沒花在刀口上，對不起平時的恪守律己，被自己趁火打劫，事後的心情肯定會更加低落。

不是不能花，也不是花了就開心，而是要將錢花在開心上，我也會在心情不好時稍微放縱，去做能開心起來的事，為了確定獲得的開心，我願意付費。我會去全身按摩，藉由放鬆身體來放鬆心情，也會看場揪心的電影，趁機流些眼淚一頓發洩，順便補充正能量，若購買清單剛好有一直下不了手的物品，買吧～滿足自己真正的慾望，才能達到慰勞靈魂的效果，也不會留下悔怨。

領錢時務必贏過你自己！

「錢又花光了！？」失去才會感到心痛的道理，總是能在抽出最後一張鈔票時一再印證，只要皮夾不是空無一物，樂天的你都會以為「還有錢，沒亂花。」，失去戒備，付錢時不經思考確認，默默加速你花錢的節奏，障眼法會陷害你越晚達成真正的心願。

控制金流，是與「惡魔我」諜對諜的心理遊戲，本想省去一直領錢的麻煩，乾脆一次多領點，卻慘遭花錢容易綁架，領了五千元和只領三千元，花乾淨所費的時間竟不相上下，從此我痛定思痛，開始限制領鈔的張數，找容易花錢的碴，除非特殊需求，一律死豬價三千，自創生於憂患的環境，反制死於安樂的人性，對付越強的惰性效果越明顯，我自己仍維持習慣至今。

這操作畫面怎似曾相似……昨晚夢見？才不是！是你花錢太自然，頻繁領錢領太兇！第一次站在 ATM 前因熟悉感恍惚，當場被「天使我」罪證確鑿抓包，存錢中的我羞愧到沒有下一次。

嘴裡說想存錢的你，嚴格執行記帳了嗎？

我將記帳分為初階和進階兩段式，都是在記錄花費但意義不一樣。初階記帳，每筆支出都要仔細記下，花在哪裡？花了多少？何時花的？務必讓記帳 APP 的金額與現實零落差，準確性越高，越能洞悉錢死在戰場？的真相。基礎記帳時，明細中只要單筆消費大於五百，我就會拖出來拿放大鏡審視，每個月也利用各種圖表功能，分析誘使我花最多、太常花、和不該花的三大罪魁禍首，靈魂拷問自己，是否都流於浪費？約莫半年時間，即能抽絲剝繭出五花八門的案情（笑）。

信用卡是存錢的隱形殺手，信用卡帳單卻是無所遁形的被動式記帳，剛開始不懂非現金交易的殺傷力，「這是在幹嘛！？」每個月收到帳單都會受到驚嚇，「不可能！每筆都沒超過一千元，不可能刷出兩萬元！錢不是我花的……」不然是誰呢？（笑）等到消失的記憶逐筆核對，才肯接受不是幻覺，三十天才結算，刷過什麼都只剩模糊的印象，何況你根本害怕想起來（笑），起初我不肯申辦，因為信用卡機制是透過負債，是「先借來花，晚點再還。」，不僅記帳不便，還會神不知鬼不覺就完成超支（笑）。

沒辦法堅持下去，是因為你不曉得自己在做什麼，記帳的種種辛苦，為的就是最後這一環—— 改善浪費的惡習。太貴，用高 CP 值替代，次數太多，把每一次間距拉長，亂買，反省必要性及其副作用，當你能做到不記帳也能自律控管，初階段便正式告一段落，記帳習慣就能半功臣身退。

進階記帳純粹抓帳，花了什麼記載從簡，重點在花多少出去，譬如領了三千元，直接記下支出三千即可，讓資產現狀能清楚明瞭，花在哪兒不太重要，因為此時理性消費的你，可以相信自己不再浪費了。

打鐵趁熱，就從現在開始！來挑個記帳 APP 下載吧……

等等，你該不會連開始記帳的工具都想花錢買吧？（笑）

派出你的企圖心，出手開源為自己的人生解套

年收入要突破100萬、200萬、300萬，甚至是500萬元以上，簡直是天方夜譚？一隻年薪200萬的迷途羔羊曾坦白對我說「存款要有上千萬，聽起來很不真實。」，非也！當時的我只有他一半收入，卻認定千萬身價是遲早發生的事，從沒懷疑過。

「憑我的條件？別做春秋大夢了。」你說的沒錯，因為要實現的不是此刻的你啊！只要肯伸出拳頭打破僵局，多聽、多看、多嘗試，保持好奇心和接受失敗的勇氣，不要在原地滯留太久，多做與以往不一樣的事，別排斥下不同的決定，收穫不同的結果，一定會有不起眼的地方起細微變化，如果你一概拒絕包裝成挑戰的蛻變機會，十年後的你，是現在可以想像出來

的模樣，一輩子能賺進多少，計算機按一按便八九不離十，未來全被現在揭曉，多麼令人窒息啊！

每個行業掙高報酬的方式不太一樣，共同核心在於有沒有釋放你的企圖心？

踏出社會第二年我從事無底薪的工作，買了一本如何享受退休的書，當時媽媽大笑三聲「才開始工作就想退休喔？」，為什麼不？海市蜃樓也是前進的動力，才要累積銀行經驗的第四年，主管約面談問「你的工作動機為何？」，尚稚嫩的我老實答「做業務，就是希望早點百萬年薪，有百萬存款。」，像射中紅心，正中她心中正確解答，主管聽了立刻綻放笑容。是的，派出想賺大錢的企圖心，才會有努力做業績的動力。

若在好的公司有份好工作，可以邊累積年資，邊積極求表現，殺出重圍拚升官，實力若夠堅強，有進退的選擇權，你也可以趁天時地利人和，在原公司轉戰其它部門做更高的職務，跳槽往外尋，直接換環境晉級，也是為自己製造的好機會，領域不設限，放大格局，願意接受更多的不確定性，你的人生也將產生更多種可能。

我在業務時代透過充實自我，提升競爭力，考取數十張跨產業的金融證照，才從證券業跳壽險業，透過推薦再到集大成的銀行業，嫌此處賺得少，存不夠，就朝四面八方延伸你的觸角，挑戰新事物，意願強烈的你，可以多安排進修課程，強化專業以外的技能也挺好，創造難以取代的自我價值。

機遇變化莫測，你是猜不透的，不滿意現狀就化為主動，出手替自己的人生解套，頭緒空空時，我會大量參考可作榜樣的案例，天馬行空東抓西湊，靈感受啟發，寧可錯殺也不要放過，一系列截長補短，揉合出一個個破釜沉舟值得一試的辦法，拼接現況，奪回下一步的掌控權，自己未來的去路本就該由自己主導。

拉出你新高度的最後一步，收入－儲蓄＝支出，支出假設為零，收入就會等於儲蓄，開源都等於資產，控制支出只能減少減項，要增加儲蓄、擴充你的財富，真正的樞紐是——收入，或從工作中賺，或進一步投資，都得派出企圖心替自己開源。

> **「錢」本是中性名詞，妥善運用，就是能讓人生更美好的籌碼之一。**

過去的我只是個有業績獎金的領薪族，領的錢有隱性天花板，我不喜歡投機，靠的是職場賺來的第一桶金，以此展開我的投資理財，10 萬元要獲利 10 萬元，需要 100% 的報酬率，光聽就想放棄（笑），100 萬元卻只需要 10% 報酬率就可以獲利 10 萬元，是否有把握些了？繼續往下走，別讓貧窮限制你的想像力，100 億元的 0.1% ？是 1000 萬元呀……理解了嗎？為什麼我苦口婆心勸世，竭盡你的極限，存下名叫「希望」的一桶金，不！不要！是不是在聽到億啊、千萬啊，立刻想縮回去，洗腦自己沒那個命？沒有令人稱羨的工資，卻懂得幫自己理出財的客戶我相當敬佩，反之，資產抗不了通膨也不去理會的，替他惋惜也只是白傷身。

在前線當業務，入不敷出到身價破億的客戶都接觸過，成千個案教會我一信念「除非有自己事業，或有投資理財本事，否則受薪階級很難致富。」。年薪 200 萬已算金字塔的中上層吧！但要歸類「有錢人」？以台北的水平頂多算過得不錯，還不到一生免為錢煩惱的地步，金融機構普遍認定戶頭有 3000 萬（100 萬美金）才算高資產族群，一年賺個 200 萬，零支出也要花上 15 年才能達到。

匯聚能力，翻新成就，要翻出我更寬廣的未來。

職場前八年我在金融界跑了三圈，奠定一定的理財能力，為了將致富兩要領雙管齊下，決定將上班族的工作抽換成創業，攢夠了經驗值，我向銀行職員告別，匯聚能力，以作家的新身分重新經營自己，翻新成就，要翻出我更寬廣的未來。

許多人會避開錢的話題，認為滿嘴價格不禮貌，工作內容是與每個人談錢的我，認為清楚生活中每一筆錢是件理所當然的事，賺錢，賺很多的錢，也只是基於與生俱來的慾望，企圖從本業、額外投資理財開源，兩頭都不是簡單的事，你會面臨挫敗與阻礙，你會在岔路忘了自己最初的夢想，你必須找出你的終極目標，設定仔細且不偏不倚，成為你奮鬥的心靈寄託，往後要吞下再多苦，你都能用各種方式進入最終站。

縮小風險，用資產配置收下那些漲幅吧

初接觸多元理財時，尚無資產的我不懂配置的意義，問了一個回想起來都害羞的問題，輔銷口沫橫飛，為我講解每樣商品的特性，我歪著頭聽完，似懂非懂，指著報酬率最高的那一樣提出困惑「錢全部放這不是可以賺最多嗎？」，沒錯，在剛出社會滿腦子只想瘋狂賺錢的小女生眼裡，風險算什麼東西（笑）。

牢記我的錯誤示範，投資務必首重風險，不是報酬，因為風險越大的漲幅，越可能只是一齣戲。

多空方一言不合就掀驚濤駭浪，還只是理財小白的我嚇得逃離股海，年輕剛起步，想加速賺錢的速度不想只投入保險，美股、基金 ETF、外匯、債券、定存、結構型商品……最後落腳除了台股什麼都有的銀行，熟悉眾多工具，學會理財，什麼叫擁有理財能力？其實就是建立正確的投資觀念，我們走過存錢、節流、開源的主題，現在有了錢的你，該懂些「資產配置」的概念了。

開始一項理財規劃，要先預設資金未來的用途，找出最有效率的配置實行，在控管好安全性下，把握每一次獲利空間，進而達成目的，資產配置是什麼？簡略而言，即是分配你的錢要放在哪裡，沒有標準答案，符合你的偏好，滿足規劃需求，便能稱是現階段最適當的安排。

早期我會執著為什麼只是「現階段」，不能一勞永逸？只是「最適當」而不是「最好」？隨著你的人生變化，財務上的需求會不盡相同，同一個工具對不同情境下的你，可能會從不適合轉為合適，你的資產配置並不會一成不變，金融商品都只是達成財務目標的工具，不是千篇一律只求上漲獲利，有些是用來抗跌，有些甚至是在恐慌氛圍中成長，各有各的用途，沒有所謂的最好，每一樣也都有存在的必要。

只要你有「資產」，就需要「配置」。

「滿手現金等大跌」聽過吧！暫時將錢全配置在現金也是一種策略，不是承作金融產品才叫配置，有資產，配置自然就存在。

有人卻認為多數人都不需要資產配置，覺得資產配置只會拉低總報酬，典型的不顧風險不要命，只摸到象腿就說大象是柱狀體，像極了當年只想all in高報酬率的我，才開始累積財富，經驗不多、見錢易興奮的新手很容易就會被誤導，不夠完備的配置當天災人禍一降臨，有涉及風險的部位肯定東倒西歪。

縮小風險，用資產配置收下那些漲幅吧！大家都知道雞蛋不要放在同一個籃子，有個可愛的阿姨曾說「有啊，我都放在好幾個籃子，台股、台股基金我都有啊～」，我當時一定來不及做好表情管理，臉上一片慘綠（笑），分散風險，是要將資產分配在不同類型，不同種危險，高、低和零風險的投資工具裡，比例則依自己的風險屬性調整，要先清楚自己的性格，凡事勉強硬上無法維持長久的自律，也有可能被反撲，用你意料不到的方式，慢慢吸收，慢慢撈出不為難自己的工具。

如果對波動大的投資有濃厚興趣，如股票，衍生性金融商品期貨、選擇權等，那麼逼自己全放在銀行定存領最低利息，你會因此懷疑人生。我服務過一位有趣的客戶，極高風險承受度的她，長期持有一檔以暴漲暴跌為常態的美股，當我通知目前已賠去一大半，她只是笑笑，「會大跌就表示會大漲啊，衝來衝去的標的才有機會賺大錢啊！」，原先害怕撥出這通電話的我，聽到如此開朗的回答震驚極了，很明顯我倆的風險屬性差距甚遠，再次確認我本人沒賺快錢的命，因為我壓根兒沒那鐵打的膽子入場。

反之，如果你不求暴利，也無法接受一夕間化為烏有，那麼迫使你全押在漲跌無限的標的，你會承受不了壓力而生出病。有對夫婦，申購一檔平衡型基金後高高興興的離開，兩個小時過去先生卻再度出現，表示太太回去後一直無法冷靜，深怕會跌光，為了讓她夜夜好眠，即使先生頗有信心，最後仍決定把投入金額降低，投資的確要量力而為，腸胃不好千萬別挑戰麻辣鍋，錢會縮短天堂與地獄的距離，讓你多點安樂，又會使你靠危險更近，不單是窮富兩面的問題。

投資前要做好的準備，是要有足夠量的本金，如果只是湊幾張鈔票貿然進行，一、你可能連適合你的工具都買不起，二、亮眼的報酬率也起不了多大作用，三、通常趨勢一看反，只能默默拿出板凳成了束手無策的觀眾。投資的資金最好有分批進場的規模，在操作過程能用上的技巧會更多，本越厚，你也能減少心理的負擔，保持應變的穩定性，勝率與絕對獲利皆會跟著提高，看看常常在收割韭菜的法人你就懂（笑）。

開始理財以來，因為做好資產配置，轉職期間沒吃過老本，有大好投資機會能靈活運用，也讓我在十年來沒有大賠出場的經驗，過去我做過哪些配置？下一次我會告訴你，當然，抄別人的答案，那並不能完整回答你自己的問題。

與其挑戰全世界　不如喜歡贏過你自己

梅姬 LU 讀解人生 5 大領域，理財、兩性、職場、成長、興趣，30+ 之前一定要明白的事。

作　　者／梅姬 LU
美術編輯／申朗創意
責任編輯／劉文宜
企畫選書人／賈俊國

總 編 輯／賈俊國
副總編輯／蘇士尹
行銷企畫／張莉滎．黃欣

發 行 人／何飛鵬
法律顧問／元禾法律事務所王子文律師
出　　版／布克文化出版事業部
台北市中山區民生東路二段 141 號 8 樓
電話：(02)2500-7008 傳真：(02)2502-7676
Email：sbooker.service@cite.com.tw
發　　行／英屬蓋曼群島商家庭傳媒股份有限公司城邦分公司
台北市中山區民生東路二段 141 號 2 樓
書虫客服服務專線：(02)2500-7718；2500-7719
24 小時傳真專線：(02)2500-1990；2500-1991
劃撥帳號：19863813；戶名：書虫股份有限公司
讀者服務信箱：service@readingclub.com.tw
香港發行所／城邦（香港）出版集團有限公司
香港灣仔駱克道 193 號東超商業中心 1 樓
電話：+852-2508-6231　　傳真：+852-2578-9337
Email：hkcite@biznetvigator.com
馬新發行所／城邦（馬新）出版集團 Cité (M) Sdn. Bhd.
41, Jalan Radin Anum, Bandar Baru Sri Petaling,
57000 Kuala Lumpur, Malaysia
電話：+603- 9057-8822　　傳真：+603- 9057-6622
Email：cite@cite.com.my
印　　刷／韋懋實業有限公司
初　　版／ 2022 年 03 月
定　　價／ NTD 300 元
I S B N ／ 978-986-0796-96-4
E I S B N ／ 978-986-0796-98-8（EPUB）

城邦讀書花園 www.cite.com.tw　布克文化 WWW.SBOOKER.COM.TW